「文系学部廃止」の衝撃

吉見俊哉
Yoshimi Shunya

a pilot of wisdom

目次

第一章　「文系学部廃止」という衝撃　11

編集協力／加藤裕子
図版作成／クリエイティブメッセンジャー

第一章　「文系学部廃止」という衝撃

1　瞬く間に広がった「文系学部廃止」報道

メディアは「文系学部廃止」をどう伝えたか

「文系学部廃止」という衝撃のきっかけとなったのは、二〇一五年六月八日に文部科学省が各国立大学法人学長に出した「国立大学法人等の組織及び業務全般の見直しについて」という通知です。これがどのようにして「文部科学省は文系学部を廃止しようとしている」という騒ぎになっていったのか、まず、その経緯を検証してみたいと思います。

先駆けとなった報道は、二〇一五年五月二八日付け産経新聞の「国立大学の人文系学部・大学院、規模縮小へ転換　文科省が素案提示」という記事でした。これは、五月二七日に開かれた国立大学法人評価委員会に通知素案が提出されたことを受けて行われた報道ですが、そこでは「(文部科学省は) 人文社会科学や教員養成の学部・大学院の規模縮小や統廃合などを要請する通知素案」を示した、とあります。続いて、「理系強化に重点を置いた政府の成長戦略に沿った学部・大学院の再編を促し、国立大の機能強化を図るのが狙い」と書かれており、「文系学部を廃止する」という表現は、まだそれほど前面には出ていません。

ところが、文科省が通知を発表し、報道が相次ぐようになった六月八日以降、次第に情報に尾ひれがついていきます。六月八日付けの日経新聞は「教員養成系など学部廃止を要請　文科相、国立大に」という見出しの下、下村博文《しもむらはくぶん》文科大臣（当時）が全国の国立大学法人に対し、「教員養成系や人文社会科学系の学部・大学院の廃止や転換に取り組むことなどを求める通知を出した」と報道、前述の産経新聞の記事よりも「廃止」の部分にウェイトが置かれ始めます。

一方、同じ日の朝日新聞の記事を見ると、「主に文学部や社会学部など人文社会系の学部と大学院について、社会に必要とされる人材を育てられていなければ、廃止や分野の転換の検討を求めた」と、日経新聞よりさらに踏み込んだ記述です。しかし、この記事を書いた記者は、「社会学部」が存在する日本の国立大学は一橋大学以外にはない、という初歩的な事実を認識していない可能性が大きく、その確認もしないまま原稿を書いていることがうかがえます。ちなみに「社会学系」まで入れれば、筑波大学にもそうした「学系」がありますが、それでも一橋と筑波だけです。「社会学」や「コミュニケーション学」は、受験生の期待に対応していかなければならない私立大学には多数の学部がありますが、国立大学ではほとんどそうした名称の学部は作られてこなかったのです。

そして六月後半になると、「文系学部廃止」という文脈の報道がエスカレートする方向へと進みます。たとえば、「国立大文系が消滅？　文科省、組織改編促す」というショッキングな見出しの六月一九日付け毎日新聞の特集記事は、「当たり前だと思っていた大学の『文系』と『理系』の分け方。しかし今、国立大学の『文系』に消滅の危機が迫っている」と、読者の危機感を煽《あお》るような書き出しです。また、「文系学部廃止」の背景として、「『産業界が即戦力を持つ人材を育ててほしい、と求めている』（文科省関係者）ことが理由の一つとされる。安倍晋三政権は大学改革を成長戦略の一環と捉えて理工系の強化を掲げており、経団連も政権の方針を歓迎している」と産業界や政府の「理系重視」を挙げ、「文系学部廃止」が非常にリアリティーをもって感じられる説明をしています。

六月二五日付けの「国立大　人文社会系『改廃』強要　大学の権力批判、封じ込めが目的か」という東京新聞の記事は、さらに踏み込んでいます。引用すると、「ついに文部科学省は今月八日に、全国八六の国立大学法人に、教員養成系、人文社会系学部、大学院の廃止や転換を求める通知を出した」という内容です。

東京新聞のこの記事は、これを大学の入学式・卒業式での日の丸掲揚と君が代斉唱を求めた、六月一六日の下村文科大臣の要請と並べ、「一連の動きに対し、教員側から『現代の焚書《ふんしょ》』『大学自治の侵害』という声もあがる」と、批判的なトーンでまとめています。日の丸・君が代の要請は、文科省が省として示したのではなく、文科相が自らの責任で語ったことです。大臣個人の発言と文科省の審議を経た方針は区別されるべきですが、一般の人にはこの区別がわからないでしょう。そのへんは、本来はメディアが読み取るべきですが、むしろ今回、メディアはこの混同を積極的に利用していきました。

いずれにせよ、このような報道が続いたことにより、「そんなひどいことを文科省は考えているのか」「安倍政権は日本の大学そのものを潰すつもりか」といった批判が各方面から出てくるのは、当然の成り行きだったと言えるでしょう。

文科省批判の集中砲火

「文系学部廃止」を伝える一連の報道で、ある教育評論家が「そもそも、文部官僚の発想自体がおかしいんですよ！」と発言したように、「文部官僚がバカだから、こんなむちゃくちゃな通知をするのだ」といった言説がメディアによって流布され、それを受けてここぞとばかりに文科省がバッシングされる流れができていきます。最初の新聞報道からだいたい二ヵ月ほど遅れ、七月末から九月にかけて、文科省が批判の集中砲火を浴びる状況になりました。

人文・社会科学、生命科学、理学・工学の全分野の科学者を内外に代表する機関である日本学術会議の幹事会は七月二三日、「これからの大学のあり方—特に教員養成・人文社会科学系のあり方—に関する議論に寄せて」という声明を出し、この文科省の通知は「わが国における人文・社会科学のゆくえ、並びに国公私立を問わず大学のあり方全般に多大な影響を及ぼす可能性」がある、そして「人文・社会科学のみをことさらに取り出して『組織の廃止や社会的要請の高い分野への転換』を求めることには大きな疑問がある」と批判を行っています。

比較的産業界寄りの立場にある日経新聞も、七月二九日付けの社説「大学を衰弱させる『文系廃止』通知の非」で、通知を「『すぐに役に立たない分野は廃止を』と解釈できる不用意なものだ」とし、「撤回すべき」と迫りました。この社説でもう一つ着目すべき点は、見出しで通知を「文系廃止」と要約しており、八月二三日付けの産経新聞の「国立大学改革の一環として通知された『文系学部廃止』は是か非か」という記事同様、当初の報道と違い、「文系学部廃止」がさも既定の路線であるかのようにみなしていることです。つまり、メディアにおいて火のないところに煙が立ち、煙が本当の火になっていくかのような現象が起こったと言えます。

実際、八月二三日付けの読売新聞は、「国立大に文系再編の波、二六校が学部の改廃計画」という記事で、「文系学部のある全国の国立大六〇校のうち、半数近い二六校が二〇一六年度以降、文系学部の改廃を計画している」というアンケート結果を報道します。この記事を読んだ多くの読者が、文科省の「文系学部廃止」の通知がこんなに早く現実のものとなるのを目の当たりにし、「文系学部廃止」はもはや既成事実であると受け止めたのではないでしょうか。

海外メディア、産業界からも相次ぐ批判

国内の批判は夏になると海外にも飛び火し、様々な海外メディアがこの問題について報道し始めました。

たとえば、八月二日のThe Wall Street Journalは、かなり大きな扱いで"Japan Rethinks Higher Education in Skills Push: Liberal arts will be cut back in favor of business programs that emphasize research or vocational training"という記事を掲載しています。内容を要約すると、自然科学や職業訓練といった産業界寄りの教育プログラムを強化するために、日本のリベラルアーツ教育は縮小されていく運命にある、として、さらに安倍政権における日本の経済成長プランを推進するための重要な政策の一部である、と続けています。このような海外メディアの報道により、「日本政府は『文系学部廃止』という、大学に対する一種の『焚書坑儒』をしようとしている」という情報が世界的に広がっていくことになりました。

批判の高まりは、産業界の中枢である経団連までもが声明を出す事態に発展し、九月九日、経団連は次のように通知に対する異議を唱えました。

「今回の通知は即戦力を有する人材を求める産業界の意向を受けたものであるとの見方があるが、産業界の求める人材像は、その対極にある。かねてより経団連は、数次にわたる提言において、理系・文系を問わず、基礎的な体力、公徳心に加え、幅広い教養、課題発見・解決力、外国語によるコミュニケーション能力、自らの考えや意見を論理的に発信する力などは欠くことができないと訴えている。（中略）地球的規模の課題を分野横断型の発想で解決できる人材が求められていることから、理工系専攻であっても、人文社会科学を含む幅広い分野の科目を学ぶことや、人文社会科学系専攻であっても、先端技術に深い関心を持ち、理数系の基礎的知識を身につけることも必要である」

もし文科省が報道にあるように産業界の要請に沿って通知を出したのであれば、文科省にとっては、まさに後ろから矢が飛んできたようなものだったでしょう。

文科省通知には何が書かれていたのか

さて、ここまでメディアの報道の経緯と、その結果として高まった各方面からの批判について概観してきました。しかし問題は、このように「通知」批判をしていったメディアや知識人のどれだけが、本当に文科省の通知を通読し、その前後の文脈も理解していたのかという点です。そもそも文科省は、「文系学部廃止」の通知を出していたのでしょうか。もし、そうした「通知」が出ていなかったのなら、なぜ「文科省は文系学部廃止を企《たくら》んでいる」という解釈が瞬く間に広がったのでしょうか。この点を考えることに、この問題の核心があります。そこで、実際の通知の内容がどのようなものだったのか、次に確認しておきたいと思います。

問題とされたのは、二〇一五年六月八日に出された文科省通知「国立大学法人等の組織及び業務全般の見直しについて」の「第3　国立大学法人の組織及び業務全般の見直し」という項目にある「1　組織の見直し　(1)『ミッションの再定義』を踏まえた組織の見直し」に書かれた文章です。

「特に教員養成系学部・大学院、人文社会科学系学部・大学院については、一八歳人口の減少や人材需要、教育研究水準の確保、国立大学としての役割等を踏まえた組織見直し計画を策定し、組織の廃止や社会的要請の高い分野への転換に積極的に取り組むよう努めることとする」

予想外の騒ぎの広がりとなり、対応に苦慮した文科省は、今回の「通知」の要点は、「教員養成系学部・大学院」にあると弁明しています。文科省にしてみれば、一八歳人口の減少を受けて、二〇〇四年の国立大学法人化以前より「教員養成系などの規模縮小・再編」を言い続けてきた経緯から、「これまで出してきた文書等の内容を踏まえて、文脈を読み取ってほしい」と言いたかったのでしょう。

今回、問題になった「通知」の背景には、ちょうど二〇一五年が「中期目標・中期計画」の切り替えの時期だったという事情がありました。というのも、国立大学は法人化されてから、まるでかつての社会主義国のように六年ごとに立てる中期目標・中期計画に縛られています。旧ソ連や中国の計画経済のごとく、全国の大学が一斉に六ヵ年計画を立て、その達成度で評価され、組織が叱られたり、褒められたりしているのです。昨今の国立大学の教員は、この「計画」や「評価」のための文書を書くのに膨大な時間を費やし、それがなければ書けたかもしれない著書や研究成果を犠牲にしています。このようになったのは、第一期中期計画（二〇〇四年四月〜）が始まる前の二〇〇三年からで、二〇一五年の夏からは、二〇一六年度から二〇二一年度まで続く第三期中期計画の準備が始まりました。

この第三期中期計画では、第二期（二〇一〇〜二〇一五年度）の期間中の二〇一三年一一月に策定された国立大学改革プランで示された「ミッションの再定義」に応じて計画を立てることになっています。今回の通知は、その「ミッションの再定義」の具体的指針として出されたのですが、エッセンスはすでに国立大学改革プランで示されていたものと同じです。メディアはこうした文脈を押さえずに通知の一部だけを取り出して報じたので、突然そのような通知が出たかに見えますが、文科省からすれば、通知はあくまで二〇一三年のプランですでに示していたものの焼き直しにすぎませんでした。

はたしてメディアの記者たちのなかに、こうした近年の国立大学「改革」の流れを汲《く》んで、この通知を文脈的に読み取ることができる人がどれだけいたかは疑問です。むしろ、文科省の通知の最初と最後だけを取り出すと、「教員養成系学部・大学院、人文社会系学部・大学院については、組織の廃止や社会的要請の高い分野への転換に積極的に取り組む」となってしまうので、前後の文脈をはずし、主語と述語をつないで単純に理解してしまう記者も少なくなかったでしょう。実際、一連の報道は、取り出された「主語」と「述語」の部分だけがひとり歩きすることで生まれた可能性が高いと思われます。

2 「通知」批判の背後にある暗黙の前提

通知の内容は一年前に公表されていた

それでは、今回問題になった文科省の方針は、そもそもいつごろから出されていたのでしょうか。というのも、この通知に書かれた内容は、二〇一五年六月八日になって急に出てきたわけでは決してありません。まず少なくとも、六月八日に先立つ五月二七日の国立大学法人評価委員会には、この通知の素案が提出されているのですが、実を言えば、すでにそのほぼ一年前に、実質的に通知と同じ内容の方針が出されていました。

事実、五月二七日の国立大学法人評価委員会の議事録を読むと、文科省事務局は「昨年八月の本委員会総会におきまして御審議いただきました『組織及び業務全般の見直しに関する視点』を昨年九月に各法人に提示をしております」と発言しています。「各法人」は国立大学を指していますが、要するに、この「組織及び業務全般の見直しに関する視点」は通知を出したわけです。

前年の九月に各国立大学にすでに示されており、今回初めて出すものではない、と言っている

「昨年八月の本委員会総会」で審議された「組織及び業務全般の見直しに関する視点」とは、二〇一四年八月四日の国立大学法人評価委員会に出された資料「『国立大学法人の組織及び業務全般の見直しに関する視点』について（案）」のことです。ここに「組織の見直しに関する視点」という項目があり、「『ミッションの再定義』を踏まえた組織改革」「法科大学院の抜本的な見直し」などと共に「教員養成系、人文社会科学系は、組織の廃止や社会的要請の高い分野への転換」とあります。

そこで何が言われているかというと、「『ミッションの再定義』を踏まえた速やかな組織改革が必要ではないか。特に教員養成系学部・大学院、人文社会科学系学部・大学院については、一八歳人口の減少や人材需要、教育研究水準の確保、国立大学としての役割等を踏まえた組織見直し計画を策定し、組織の廃止や社会的要請の高い分野への転換に積極的に取り組むべきではないか」と、今回の通知とほぼ同じ文言です。

つまり、今回の通知内容はそもそも二〇一四年八月に公表されたもので、同年九月には各国立大学にも提示されていたのです。ちなみに、この段階ですでに東京新聞は、「国立大から文

系消える？　文科省改革案を通達」（二〇一四年九月二日）という報道をしているのですが、他の新聞は追随せず、大学側からも目立った反論はありませんでした。ところが翌一五年夏になって、メディアは突然、「炎上」を始めたのです。

「文系学部廃止」批判の背景

なぜ、通知の実質的内容が公開された二〇一四年八月ではなく、それから一年近く経った二〇一五年六月以降になって、その同じ通知が突然問題視されるようになったのでしょうか。それには大きく分けて三つの理由が考えられます。

第一は、二〇一五年夏の政治状況です。安倍政権はこの夏、「集団的自衛権」を含む安保関連法案を国会で強行に押し通していきました。多くの人々が、これは憲法違反で、法的なルールを無視した暴挙だと感じていました。安保法案をめぐる政権の強硬さを目の当たりにした人々は、この政権はとんでもない暴力的な介入をする政権で、戦後日本が蓄積してきた、特にリベラルなものを潰そうとしている、というイメージを抱いていきました。また、大学に対して入学式・卒業式での日の丸掲揚と君が代斉唱を求めた下村文科大臣の復古主義的な行動も、世論の危機感をいっそう強めたはずです。

さらに同じ時期、総工費二五〇〇億円を超える新国立競技場建設が大きな問題となり、文科省や事業主体の日本スポーツ振興センターの不手際も次々と明らかになっていきました。通知が出たのは、これらの諸問題を受け、政府や文科省に対する不信が社会に広がっていたタイミングだったということになります。メディアや国民世論が、「また安倍政権ないしは文科省がひどいことをしようとしている」と受け取る素地は十分にあったと言えるでしょう。

メディア側にとっては、通知の実質的内容が明らかになった一年前と比べ、政権批判の世論が大いに高揚していたことは、この問題を取り上げる動機を強めたと考えられます。さらに通知の内容が叩《たた》きやすいものであったことから、格好のやり玉になったという面もあるでしょう。「文系学部廃止」に関する一連の報道を検証していくと、安保関連法案や文科大臣の日の丸・君が代要請、新国立競技場の問題と連動して、安倍政権ないしは文科省批判につなげようと、メディア自らが「文系学部廃止」というセンセーショナルな報道をエスカレートさせていったプロセスがうかがえます。

本来であれば、この文科省通知の背後にどのような経緯があり、その意味するところを分析し、わかりやすい言葉で読者に伝えるのが、メディアの役割だったはずです。しかし、そうした分析に欠かせない近年の日本の大学改革に対する理解が足りないまま、政権批判の時流に乗る形で一連の記事が書かれてしまったと考えられます。通知の意図が本当に「文系廃止」を強要するようなものなのかという検証もせず、安保関連法案等と一括《ひとくく》りにして批判するメディアの姿勢は、ジャーナリズムとして適切だったとは言えません。

第二に、文科省の側の失敗は、二〇一四年と二〇一五年夏の間の政治状況の変化を読み込まなかったことです。同じメッセージでも、受け手を取り巻く文脈が変化すればまったく違う意味を生むのはコミュニケーション論の常識ですが、そうした視点が文科省にはありませんでした。ですから、昨年の文章を、今年も「前例に倣って」使ったのです。ところが政治状況が違い、それをめぐるメディアの構えも世間の感情も違いましたから、メッセージの受容のされ方は決定的に変化してしまったのです。

もしも文科省側が、この夏の緊迫した政治状況下でマスコミが安倍政権叩きの材料を身構えて捜しているのを予見していたなら、同じ内容の通知を出すにしても注意深く言葉を選んでいたのではないでしょうか。たとえば、「国立大学は未来に向けて果たすべき役割等を考えた組織見直し計画を策定し、旧組織の廃止を含む抜本的刷新や社会的期待をリードする分野への転換に積極的に取り組む」と書いていたら、本質は同じことなのですが、「通知」は未来志向のポジティブな要請と世間に受容されていたはずです。

「儲《もう》かる理系」対「儲からない文系」という構図

しかし第三に、より根本的な問題があります。遅くとも二〇〇四年の国立大学法人化の前後から進められてきた産業競争力重視の大学政策を背景に、「儲かる理系」と「儲からない文系」という構図が当たり前のように成立し、大学も経済成長に教育で貢献しなくてはいけないという前提を皆が受け入れてきた点です。文系学部で学んだことは就職に有利ではないしお金にならないから役に立たないのだという「常識」が形成され、それを皆はっきりとは言わないまでも潜在的に信じ込んでしまっている状況が、広く国民一般に成立してしまった。実はこれが最大の問題です。

ですから、今回の「通知」に対する経済界やメディアの反応は、文系の役割も一応は認めてあげようというレベルのもので、文科省の通知は過激すぎると言っているにすぎません。しかし問題の根本は、過去十数年の大学政策が、文系学部で学んだことは役に立たないという思い込みの上に成り立ってきたことにあります。「通知」批判は、文科省バッシングをすれば済むような話ではない、はるかに大きな問題を潜ませているのです。むしろこの「儲かる理系」「儲からない文系」という構図の「常識」化こそ、今回の「文系学部廃止問題」によって提起された事態の背後にある根本的な問題なのです。そこで、この構図がどのように構築されていったのか、その経緯を確認していきたいと思います。

3　文理の不均衡はいつから構造化？

国立大学における「文系」と「理系」

日本の大学政策における文系軽視は、最近に始まったことではありません。むしろ戦後一貫して、日本政府は理工系振興に力を注いできましたから、遅くとも高度経済成長期までに、国立大学は理系中心の組織になっていました。そして今日、旧帝大と呼ばれる大規模国立大学の教員の約七割が理系であるのに対し、法学部、経済学部、文学部といった狭い意味での文系教員は約一割にすぎません。国立大学教員のほぼ四人に三人が理系で、国立大学の教育学・教員養成系を除いた文系の教員比率はたった一〇分の一程度にすぎないのです。つまり、「文系学部廃止」が云々《うんぬん》されるずっと以前から、日本の国立大学では理系が圧倒的優位を占め、実質的に国立理工医科大学となっていたとも言えましょう。

しかし、それでは日本の国立大学は最初からずっと理系中心だったのかというと、必ずしもそうでもないのです。中山茂の『帝国大学の誕生』（中公新書、一九七八年）によれば、明治一九年（一八八六年）の帝国大学設立以前は、工部大学校を始めとする官立専門学校が高等教育の中心を占め、明治政府は近代国家建設に必要な理工系テクノクラート養成に力を注いでいました。しかし、帝国大学が設立される明治後期、文明開化の時代が一段落すると、国家建設から国家の保守・管理へと重心がシフトしていきます。そこで強化されるのは法科系ゼネラリストの養成であり、それを担う法学部へと、高等教育のヘゲモニーが移っていったのです。

帝国大学の設立は、法科系による官庁エリート独占時代の幕開けとなり、理工系重視から法科系重視へと政府の大学政策の基軸は変化します。こうして日清・日露の戦争を経て、帝国としての法秩序構築に向けた法科系エリートによる国家の管理が進められていくのです。

戦争の時代に導かれた理系重視路線

戦争がない時代の国家を管理するのは法律であり、国家の中枢は法科系エリートで占められますが、戦争が近づくと法律は疎《うと》んじられ、武器製造のための技術活用、つまり理工系の重要性が増していきます。一九一〇年代末以降は、総力戦体制に向かうなかでの理系の附置研究所

（国立大学に設置された研究所）増強による、即戦力としての軍事力強化の時代です。

こうして第一次大戦以降、さらには満州事変以降、戦争の足音が近づくのに従って理科系研究所の設立数が劇的に増加していきます。たとえば、第一次世界大戦を受ける形で日本の理系研究所の雄である理化学研究所が設立され（一九一七年）、海軍航空機試験所（一九一八年）、大阪工業試験所（一九一八年）、陸軍科学研究所（一九一九年）と陸海軍の様々な研究所設立が相次ぎ、同時期に、日本航空協会（一九一三年）、土木学会（一九一四年）、日本鉄鋼協会（一九一五年）など理系の学会も一挙に設立されていきました。これらの学会はロビー団体としての側面が強く、国の産業政策に対する技術者や工学者の発言が活発化します。その結果、科学技術政策と国家の政策が緊密化し、帝国大学設立によって法学部が握った支配権を理工系が奪還するプロセスが進んでいったのです。

こうした理工系重視の体制は、一九四〇年の「科学動員実施計画綱領」に結実し、戦争遂行のための「選択と集中」が実施されていきます。そして日米開戦直前の一九四一年には、「科学技術新体制確立要綱」が閣議決定され、「科学技術の国家総力戦体制を確立し、科学の画期的振興と技術の躍進的発達を図ると共に、其の基礎たる国民の科学精神を作興し、以て大東亜共栄圏資源に基づく科学技術の日本的性格の完成を期す」ために、「研究者の養成・配置の計画的強行」「研究用資材の確保」「規格の統一と標準化」「科学技術行政機関の創設」「科学技術研究機関の総合整備」等の基本政策が立てられました。まさに、日本の科学技術を結集した総力戦と言うべき様相に突入していったと言えるでしょう。

このときに作られた科学技術動員体制は、戦争が終わった後も、目的を「経済発展」に転換して名前や組織のあり方を大きく変化させつつも、大局的には引き継がれ、戦後の国立大学における理工系中心の研究体制の基盤となっていくのです。

現在に引き継がれる戦時の研究予算体制

このように戦時下に作られて現在も続く体制の一つに、科学技術予算の仕組みがあります。日本学術振興会（ＪＳＰＳ）は巨額の科学研究費を管轄する組織ですが、興味深いのは、一九三二年の設立の前年、政府に提出された学術研究振興の建議に次のようなことが書かれていた点です。

「（世界不況のなかで）思想界経済界産業界ニ亘《わた》ル諸種ノ難関ノ如キハ学術研究ノ振興ヲ措《お》イテ他ニ之《これ》ヲ打開スヘキ根本的国策ヲ求ムヘカラス」

戦争に勝つには産業経済力の増強しかなく、それには大学の研究力を強化しなければならないというロジックは、「グローバルな競争力」を掲げる今日にも通用します。そして現在と同様、当時もこうしたロジックは政権に対して説得力を持ち、一九三三年から科学技術振興のための補助金が設置されていきました。その規模は、文部省科学研究奨励金の約一〇倍という巨額でした。この日本学術振興会の補助金は現在に引き継がれており、今も大学の競争的資金の柱をなしています。しかも、一九四一年にはこの補助金の七〇%が工学系によって獲得されますが、この構図も、現在にまで引き継がれていると言えるでしょう。

戦時日本は、アメリカに勝つという明確な目的に役立つものとして理工系の応用的な学問を中心に、戦争遂行に総力を挙げて大学の知を動員していきました。そしてその結果、すべてが灰燼《かいじん》に帰し、甚大な不幸がこの国の人々にもたらされる経験をしました。このように、目的を所与として手段的有用性を突き詰めていく知からは、「しかしアメリカに勝つなんて、そもそも不可能ではないか」という、目的自体を客観的に批判する視点は生まれてきません。本来、知を担う大学がすべきだったのは、軍事技術に役立つ研究所を設置し続けることではなく、追い求めている目的自体が根本的に間違っていることを示し、価値の基準を変え、次の時代を創る新しい目的に向かうことであったはずです。

高度経済成長によってさらに強まる理系偏重

しかしながら、戦前に作られた理系重視の基盤は、戦後はさらに拡充されていくこととなりました。その契機となったのは、言うまでもなく高度経済成長です。

経済復興が進むにつれ高まってきた「経済成長のために科学技術教育振興を」という産業界からの要望に応える形で、文部省は一九五七年に「科学技術者養成拡充計画」の下、理工系の学生数を当時の水準より全体で八〇〇〇人増募することを決定します。これは、一九五七年から一九六二年までの「新長期経済計画」に関連するものでしたが、国立大学で四〇〇〇人、公立大学で一〇〇〇人、私立大学で三〇〇〇人ずつ理工系学部の学生定員を増やすことになり、その結果、理系分野そのものが発展していく体制が作られました。当時は冷戦の時代であり、アメリカ、イギリス、ソ連でも科学技術者養成計画が作られていたことから、それらに倣うという側面もあり、その後も理系の定員増募は続けられていきます。

このころ、自民党新政策大綱において、「法文系偏重の是正」が主張され、国立大の法文系を抑えて理工系に力を入れる方針が示されるなど、政府与党は「文系重視」から「理系重視」

への転換を主導していきました。もっとも実際には、すでに戦時中から大学の研究予算や人員配置の重心は理系に傾いていたわけですから、この「転換」はむしろ「強化」であったと言うべきでしょう。こうしてたとえば、岸信介《きしのぶすけ》内閣の松田竹千代文部大臣は、本当に国立大学の法文系を全廃してそれらはすべて私立に任せ、国立大学は理工系中心に構成していくべきだと主張し、かなりの物議を醸しました。今回の文科省通知が「文系学部廃止」を意図するものでないことはすでに実証した通りですが、過去においては実際に文部大臣が露骨な「国立大文系潰し」を言明したこともあったのです。

その後の池田内閣でも、池田正之輔《いけだまさのすけ》科学技術庁長官から文部省に対して「科学技術者の養成に関する勧告」が行われ、その結果、科学技術者二万人増募と、所得倍増・高度経済成長政策と一致する形でさらに理系を増やす政策が進められていきます。その一方、国立大学文系の定員増は、大学入学者全体が拡大していたこの時代においても抑制されました。背景には私立大学の思惑があり、小規模な私立大学では、実験施設など大規模な初期投資が必要な理系の設置は難しいですが、文系であれば比較的容易に作れることから、文系は私立で引き受けて経営の安定を図りたい、という私立側の要請が働いたことも影響しています。その結果、特に旧帝大を中心に国立大学の理工医科大学化が進み、教員比率や予算配分でみれば日本の国立大学は圧倒的に理系が中心という現状が作られていったのです。

ポスト高度成長期にも継続する理系中心の体制

このような傾向は、高度成長期が終わっても、基本的に変化しませんでした。つまり一九七〇、八〇年代以降も、理系が政策的に保護され、比較的手厚い予算措置が行われてきた一方、文系は、概してそうした保護から外され続けたのです。

こうした継続性を顕著に示すものとして、内閣府に設置された総合科学技術会議を挙げましょう。日本の科学技術政策は戦後、原子力技術を軸に大発展してきました。ところが一九八〇年代、九〇年代から原子力のリスクが問題となり、やがて二〇一一年の福島第一原発事故が発生します。この時代、科学技術系の諸組織にとっては、原子力政策が転換するなかで、膨張した科学技術予算のパイをどう確保するかが優先課題でした。こうして科学技術基本法が一九九五年に施行され、二〇〇一年には総合科学技術会議が設置されます。原子力中心の体制の終わりが見え始めてきたものの、科学技術中心の体制自体は維持しなくてはならない、という国家の意志がそこには働いていたのです。

しかし、本来理系同様に「科学」であるはずの文系は、この「科学振興」の対象から外されていました。科学技術政策の予算には理系しか入れず、科学技術庁系（二〇〇〇年当時）の大規模プロジェクトを申請する権利は文系にはないことが明文化されていたからです。

一九九五年、科学技術強化を目的として施行された科学技術基本法第一条のなかで、同法にいう「科学技術」とは「人文科学のみに係るものを除く」と定められました。その結果、科学技術基本法の「科学技術の振興に関する基本的な計画（科学技術基本計画）」において、人文科学の固有の振興策は含まれないという理解を導き、文系と理系の予算配分はきわめてアンバランスなものになりました。「文系学部廃止」ということで言えば、すでにこの時点で「文系」は周縁化されていたのです。

理系偏重の科学技術政策に対する問題提起

こうした動きを牽制《けんせい》し、日本学術会議は二〇〇一年、「二一世紀における人文・社会科学の役割とその重要性」という声明を出しています。そのなかで次のような指摘をしています。

「科学技術の概念が自然科学に偏重して理解され、研究環境の整備もバランスを欠いている現状は、人文・社会科学の創造的発展を阻害しがちである上に、自然科学の発展に対してもマイナスの影響を及ぼす可能性をもっている。（中略）（人文・社会科学は）自然科学とは異なる発想と手法によって、科学技術に対して独自の貢献を行う可能性をもっているからである」

ここに示されているのは、人文・社会科学が持つこうした可能性を、日本の科学技術政策は認識していないのではないか、という批判です。そして、「人文・社会科学は人間とその社会を研究対象とするから、人々の動機や価値選択を考察しなければならない。したがって、持続可能な社会ないし循環型社会の構築にしても、クローン人間・遺伝子操作食品・出生前診断・遺伝子個人情報などの問題を扱う生命科学にしても、情報技術のもたらす光と陰にしても、紛争の予防にしても、これら諸課題の解決のための総合的なプログラムを設計するにあたっては、人文・社会科学の役割が重視される」と、文系独自の役割について具体的に訴えています。

さらに、この声明では以下の提言が行われています。

「科学技術文明の現状を克服するために、文・理の二分法を乗り越えた新しい統合的・融合的知識が必要であり、そのためにも基礎的研究を含め、自然科学および人文・社会科学の均衡のとれた発展が重要なのである」

文系と理系を対立させて、理系にばかり予算がいくという構造に根本的な問題があるとの考えから、それを変えていくためには、まず文理の統合的・融合的な分野を作っていくべきだ、と主張されているのです。とりわけ、「人文・社会科学に人間の本質を摑み人々の精神生活を豊かにするという社会的責務の遂行を促し、また可能にするため、自然科学と人文・社会科学との間でこれまで拡大してきた研究体制および研究条件にかかわる不均衡を是正するなど、積極的に人文・社会科学の振興を図ることが望まれる」「科学技術の全体的発展のために、科学技術総合戦略を束ねる『かなめ』として人文・社会科学を位置づけることが必要である」という部分は、文理の予算がこれほどアンバランスな状況では人文・社会科学の振興など不可能である、だから不均衡を是正してほしいという、一種の非常事態宣言です。

これらは、一五年近く経った現在でも説得力のある議論だと思います。しかし、予算の配分システムを変えるとなると、既得権益がからむため、簡単には実現しません。予算総額が増え、理系の予算を減らさずに文系にも配分できるというのならともかく、そうでない以上、理屈の上では正しくても話は通らない、ということになってしまうのです。本来であれば、政権中枢や産業界のトップにある人々が「この考え方は正しい」と認め、トップ主導で予算配分システムを変えるべきでした。しかし、トップの意識は変わらず、政権交代をした民主党もリーダーシップを発揮できないまま、理系偏重・文系軽視の流れはますます強まっていきます。

4　法人化後、ますます拡大する文理の格差

国立大学法人化という決定打

二〇〇一年の日本学術会議の声明後も、結局、方向転換は生じませんでした。それどころか、理系と文系の不均衡をさらに拡大させたのが二〇〇四年の国立大学法人化でした。その基本的指針は二〇〇一年六月に出され、そのなかでは教員養成系などの学部・大学院の規模縮小・再編についても明記されていました。今回の「通知」も、二〇〇〇年前後にすでに出されていた文系再編、国立大学数の大幅削減、大学への第三者評価による競争原理の導入、評価結果に応じた資金の重点配分といった方針の繰り返しにすぎません。

今回の「文系学部廃止」問題は、国立大学法人化に伴うシステムや諸問題の延長線上で起こ

ったものと言えますから、国立大学法人化という制度がどのような目的をもってスタートしたのかということをここで押さえておく必要があるでしょう。

国立大学法人化についての議論は、一九八〇年代の臨時教育審議会を伏線に、一九九〇年代後半から二〇〇〇年代初頭にかけて盛んに行われ、二〇〇二年三月「新しい『国立大学法人』像について」というそれまでの議論を踏まえた最終報告が出されます。同年一一月に閣議決定、翌年七月に国立大学法人法、関係六法が成立し、二〇〇四年四月に日本の国立大学は国立大学法人に移行しました。

この過程の議論をみていくと、たとえば、二〇〇一年六月の「大学（国立大学）の構造改革の方針」（文科省）という文書に、「国立大学の再編・統合を大胆に進める」一環として、教員養成系などの規模縮小・再編、国立大学の数の大幅な削減など、今回の「文系学部廃止」騒ぎのきっかけとなった二〇一五年六月八日の通知と似た内容がすでに出ています。

その他に法人化の目的として挙げられているのは、「国立大学に民間的発想の経営手法を導入する」ことと共に、「大学に第三者評価による競争原理を導入する」ことです。具体的には「専門家・民間人が参画する第三者評価システムを導入」などに加え、「評価結果に応じて資金を重点配分」「国公私を通じた競争的資金を拡充」と、予算に直結する方針が挙げられています。この予算配分の仕組みは、これまでの理系偏重の予算の流れを一層強めることとなるのですが、なぜそうなるのかを説明していきましょう。

国立大学法人の予算は、基盤となる「運営費交付金」と各研究プロジェクトへの社会的評価によって決まる「競争的資金」の二つに大別できます。運営費交付金配布の基本的な仕組みには、第一期中期計画（二〇〇四〜二〇〇九年度）、第二期中期計画（二〇一〇〜二〇一五年度）、第三期中期計画（二〇一六〜二〇二一年度）という六年ごとの中期計画が大きく関わっており、その達成度の評価に従って各国立大学に予算が配分されることになります。ちなみに、二〇一五年六月八日の通知は、第二期中期計画を総括し、次の第三期中期計画をどういうものにしていくかというタイミングで出されたわけです。

この中期計画は、文科省と国立大学の調整のなかで編成されていき、全国の国立大学はそこで定められた設定に従って六年間それぞれの計画を進めていく、そして、各国立大学が作った中期計画を外部機関である国立大学法人評価委員会が評価し、それに従い予算が配分される、ということが六年ごとに繰り返されます。いわば「計画のための計画」という要素が強くなりがちなこの仕組みが、まさに旧ソ連の「五ヵ年計画」を彷彿《ほうふつ》とさせるものであることは、すでに述べた通りです。大学間の競争原理を保証する仕組みとして、国立大学法人評価委員会には民間人や専門家が入っていますが、トップダウンの調整機関ですから、基本的な成り立ちが変わるわけではありません。

文系の弱体化が加速する仕組み

国立大学法人化以降、運営費交付金は毎年一%前後の削減が続いています。今や予算総額で法人化前よりも約一〇%以上縮小しており、その分だけ「国立」の基盤は弱体化したのです。その背景に、日本全体の経済力が衰え、経済全体のパイが小さくなったという事情もあるかもしれません。しかし、同じ期間に競争的資金はむしろ拡大していることを考えると、単純に経済の縮小を反映しているというよりも、新自由主義的政策のなかでの教育研究における公共的な基盤が劣化してきた面のほうが大きいでしょう。

こうした結果、「選択と集中」が各地の大学で進み、成果が見えにくい、つまり資金獲得力のないものを切り捨てて、強そうなところに投資する傾向が強まりました。当然、こうした弱肉強食の論理の下では、「役に立たない」とされている文系の立場は弱いものとならざるを得ません。しかしそれでも、運営費交付金の継続的削減は、基本的には文系にも理系にも同じようにマイナスの影響を及ぼしてきたわけで、直接的にこれが原因で文系と理系の格差がさらに開いたということはできません。運営費交付金の削減は、文系と理系の両方に同じようにボディーブローのように響いたと言うべきでしょう。

他方、運営費交付金とは別の予算枠である競争的資金について言えば、前述のように国立大学法人化以降、こちらの総額は逆に増え続けてきました。この競争的資金は、企業等との共同研究費や寄附金と国から来る特別経費等の両方を含んでいるのですが、全体としてみると、競争的資金は、運営費交付金の減少分の二倍以上の勢いで増加していったとされています。つまり、法人化後の約一〇年間で、運営費交付金は減少し続け、競争的資金は増加を続けていったというのが大まかな見取り図でしょうか。

しかし、この競争的資金は、じっとしていれば各大学、学部や研究科に振り分けられてくるような予算ではありません。企業との共同研究や寄附金はもちろんですが、国についても、省庁や財源を握っている諸機関が出してくる要求に対応して、多くの大学でトップクラスの研究者が知恵を絞り、自身の研究時間を犠牲にしながら事務職員のバックアップを受けて予算要求の申請書を作成し、書類審査に通れば文部科学省やその他の機関に学長や学部長、事務職員と共に出かけていってプレゼンテーションをする、そうして何とか予算を獲得すると、今度はその大学内で獲得した予算をめぐっての分配競争が始まる。そうしたことが徐々に慣行化してい

図1　運営費交付金と競争的資金等獲得状況（受入額ベース）

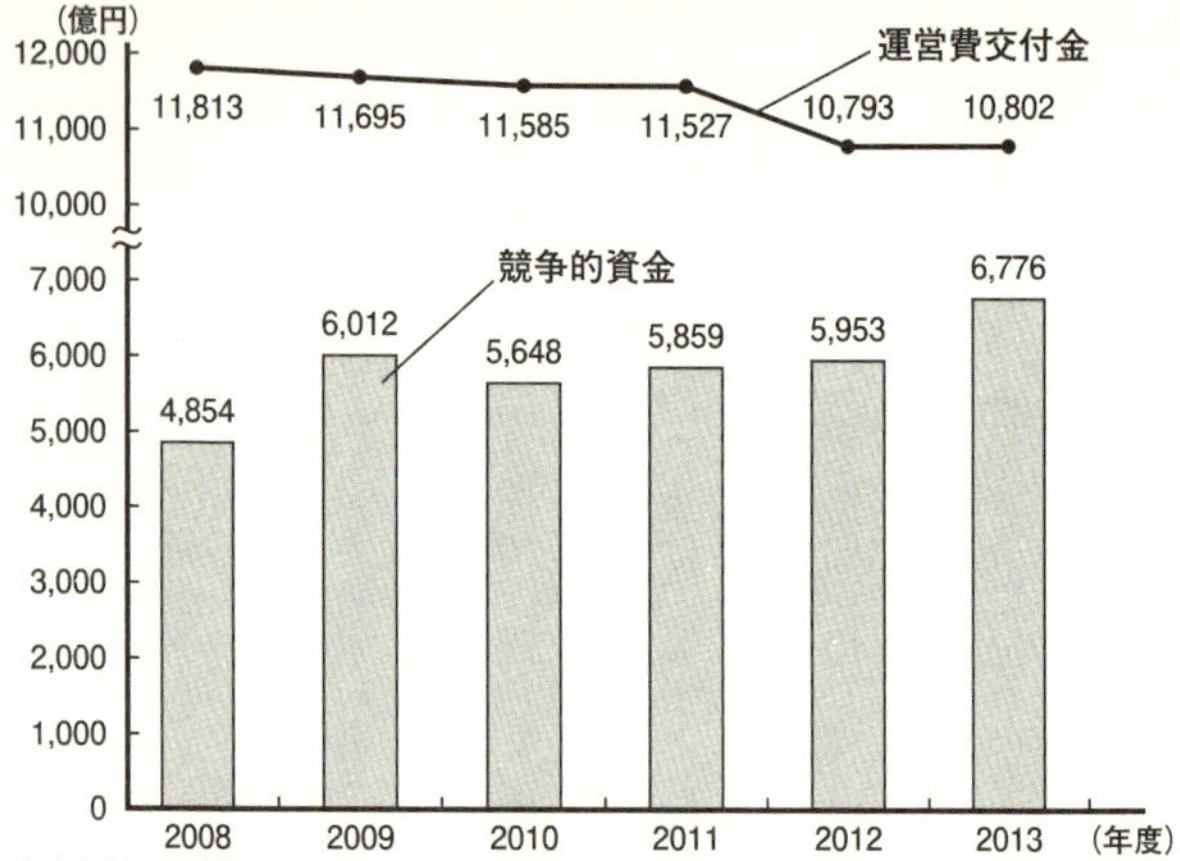

文部科学省の資料より作成

きました。

ちなみにこうした競争的資金のなかでも、多くの大学が重視してきたのが「特別教育研究経費」という、「概算要求」という競争的プロセスを通じて配分先が決まる予算なのですが、これは国の分類では「特別運営費交付金」の一部とされます。ですから、話は複雑で、この「特別運営費交付金」を単純に前述した「一般運営費交付金」と一緒くたにしてしまうと、まるで「運営費交付金」がそれほど減っていないかのような錯覚に陥るのですが、これは錯覚です。大学運営の基盤として国立大学に振り分けられる狭義の「一般運営費交付金」と、それぞれの大学、部局が競争をして自分の予算として獲得する「特別教育研究経費」は別で、後者はやはり「競争的資金」と考えられるべきでしょう。

このように法人化後、国立大学の基盤となる予算の重心が、運営費交付金から競争的資金に移っていったことが、文系の弱体化と非常に関係があります。つまり、競争的資金の獲得には、文系よりも理系のほうが次の三つの面ではるかに適しているのです。

第一は、一般に理系の研究は文系よりも期待される成果を見せやすく、しかも比較的短期間で結果を出しやすいことです。理系の研究の多くは、「こういう計画でこれだけの成果を挙げます。この期間でこのレベルの目標を達成します」ということを明確に提示することが可能です。他方、文系の研究ではそうした明確な目標や成果の提示が困難な場合が多く、成果よりも学問的意義の主張に終始してしまうことが少なくありません。第二に、理系の研究予算は、多くの場合、文系よりもずっと大規模です。同じ件数の研究予算でも、理系と文系では大学における「経済効果」に大きな差が生じます。第三に、概して理系はチームワーク、文系は個人作業であり、競争的資金の獲得のようにチームワークが要求される作業では、理系の人たちのほうが文系よりも優秀さを発揮します。

こうして法人化後、運営費交付金というよりも競争的資金の獲得額において、文系と理系の間に大きな格差が生じていきました。大学でも、理工系の大学はなんとか全体としての予算減を免れる反面、教育系の大学はじり貧になっていったのです。

教育力と研究力の劣化が同時進行

国立大学の財政的基盤のこうした変化により、やがて国立大学にはどのような結果がもたらされていくことになったのでしょうか。これは、「国立大学法人化後の現状と課題について（中間まとめ）」（二〇一〇年七月）という文科省の文書でまとめられています。この文書は、国立大学法人化から六年が経過したことを受け、「国立大学法人の在り方に係る検証」として、法人化後の国立大学が置かれた状況を調査・分析し、それについての有識者等の意見も踏まえて出されたものです。

その概要のなかで、「法人化後の状況分析」として、数々の問題点が挙げられていますが、一つは、「法人化以降、常勤教員の人件費は減少し、非常勤教員の人件費が急激に増加」したことです。これは、運営費交付金の縮小により、従来の常勤教員数を維持できなくなり、減少分を非常勤教員等で補ったため、限られた任期の不安定な教員ポストの数が急増したことを意味しています。

二番目は、人文学分野の教員数は、一九九八年から二〇〇七年で、私立大学は七・八％増加したのに対し、国立大学は一一・四％減少している、つまり、国立大学文系の教育力が非常に弱体化しているとの指摘です。法人化によって「選択と集中」が進み、「役に立たない」とされがちな文系に深刻な影響が出ていることがうかがえます。

法人化により弱体化したのは、文系の教育力に限ったことではありません。この文書で指摘されているもう一つの法人化の問題点はお金と時間の反比例関係です。

すなわち法人化後、「共同研究、競争的資金の獲得額、科学研究費補助金の獲得額等は大幅増」、要するに、とにかく資金獲得が大事、ということで研究者の「企業家化」が生じました。運営費交付金が減少の一途をたどるなかで優秀な若手研究者を集めるためには、競争的資金が必須になります。さらに、それらの多くは五年単位で区切られるため、そのままでは雇用した若手研究者が職を失うことになりますから、ほぼ恒常的に「次の資金」の獲得にエネルギーを傾けざるを得ません。そのため研究者は、競争的資金獲得のための書類作成や審査のプレゼンテーション準備に膨大な時間と手間を費やすことになり、本来すべき研究には手が回らないという状況に陥ります。

その帰結として、「研究時間や学術研究論文の数は減少。教員の負担増や基礎研究への影響、大学間格差が懸念」という状況が生じます。競争的資金を得るために大学研究者がベンチャー企業家化し、資金を獲得することには巧みになったのですが、その分、本来の研究力が落ちてしまったのです。理系はそれでもチームワークですから、資金獲得や運用を担当する人と研究推進に邁進《まいしん》していく人が分業することもできるでしょう。しかし、個人作業を基本とする文系では、資金獲得と研究時間の間に露骨な反比例の関係が成り立ってしまいます。

5 「ミッションの再定義」のなかで文系の未来は？

繰り返し求められる「組織の見直し」と「機能別分化」

では、国立大学の教育力・研究力を強化するにはどうすればいいのでしょうか。ここまで問題点が明らかになり、文科省や中央教育審議会（中教審）が掲げたのが「組織の見直し」という方向でした。二〇一五年六月八日の通知にも「組織の見直し」という言葉がありましたが、「組織の見直し」は、文科省が近年ずっと提言し続けていることなのです。

実際、二〇一〇年七月の文書でも、「各法人における、社会の多様化するニーズや学問の進展に適切に対応した教育研究組織等の見直しに対して、運営費交付金の配分等を通じ、積極的な支援に努める」ことが推奨されています。要は、パフォーマンスのいいところには予算を出す一方で、旧態依然で改革努力をしないところはカットしていく、ということになります。この文書では、「法人化のメリットを活かし、各法人の規模、特性等に応じて、社会の要請や時代の変化に対応できるよう、必要な教育研究組織の積極的な見直しを図る」とも書かれており、繰り返し「組織の見直し」の必要性が言及されています。

こうした動きと並行して、「機能別分化」という概念も、「組織の見直し」と表裏一体をなすものとして浮上してきました。たとえば、国立大学法人化の一年後にあたる二〇〇五年一月の中央教育審議会答申「我が国の高等教育の将来像」では、すでに次のような組織の見直しの方向性が示されていました。

「大学は、全体として1. 世界的研究・教育拠点、2. 高度専門職業人養成、3. 幅広い職業人養成、4. 総合的教養教育、5. 特定の専門的分野（芸術、体育等）の教育・研究、6. 地域の生涯学習機会の拠点、7. 社会貢献機能（地域貢献、産学官連携、国際交流等）等の各種の機能を併有するが、各大学ごとの選択により、保有する機能や比重の置き方は異なる。その比重の置き方が各機関の個性・特色の表れとなり、各大学は緩やかに機能別に分化していくものと考えられる。（例えば、大学院に重点を置く大学やリベラル・アーツ・カレッジ型大学等）一八歳人口が約一二〇万人規模で推移する時期にあって、各大学は教育・研究組織としての経営戦略を明確化していく必要がある」

もはや横並びの護送船団方式ではなく、各大学が果たすべき「機能」によって差別化を図っていく、との提案です。さらにこの答申は、大学の「経営戦略」について言及し、これからの大学は競争原理のなかで生きていかないといけないのだから、ちゃんと経営戦略を持って、将来性のあるところを重点的に強化するべきだ、と述べていました。

国立大学が置かれた危機的状況

以上のように、二〇一五年夏の「通知」騒ぎで浮上した論点は、ほとんどがすでに国立大学法人化前後までには出ていたものでした。むしろ問題は、このように一五年近く前から問題点や課題が明らかになっていたのに、多くの国立大学で、そうした問題点や課題に対して有効な改革が持続的に展開されてきたようには見えないという点です。この「変わり難さ」に、国立大学のもう一つの根本的問題があります。

こうして二一世紀に入っての一五年間、日本の国立大学をめぐる状況は厳しさを増す一方でした。二〇一三年一一月に文科省によって出された「国立大学改革プラン」は、二〇一五年六月八日の文科省通知の下敷きとなったものですが、このなかで、現在の国立大学が置かれている背景として三つのことが挙げられています。

一つは、グローバル化、具体的には大学の教育・研究両面におけるグローバルな競争の激化です。そして二番目は少子高齢化、三番目は新興国の台頭による知識人材獲得競争の激化です。こうした厳しい状況に置かれている日本の国立大学が改革を進めていく方向として、「国立大学改革プラン」では、

（1）グローバル化への対応
（2）イノベーション創出
（3）人材養成機能の強化
（4）各大学の強み・特色の重点化（大学の機能別分化）

という、四つの方向性が示されています。

これらのうち、特に注目すべきは四番目の機能別分化です。これは、二〇一五年六月八日の通知にもあった「ミッションの再定義」へとつながるものですが、そこで具体的には、①世界

最高の教育研究の展開拠点（最先端研究拠点）、②全国的な教育研究拠点（アジアをリードする技術者・経営者）、③地域活性化の中核的拠点（地域社会のシンクタンク）の三つのタイプが示されていくのです。各国立大学はこの三種類のどれかに自分たちを位置づける形で自らのミッションを再定義するよう求められました。

「ミッションの再定義」とは、大学としてのアイデンティティーを再定義することです。医学部であれば、「超高齢化やグローバル化に対応した人材の育成や、医療イノベーションの創出により、健康長寿社会の実現に寄与する観点から機能強化を図る」、また工学部では「成長の原動力となる人材の育成や産業構造の変化に対応した研究開発の推進という要請に応えていくため、『理工系人材育成戦略』（仮称）も踏まえつつ、大学院を中心に教育研究組織の再編・整備や機能の強化を図る」と、理工医学系は概《おおむ》ね発展拡大方向の再定義です。

一方、教員養成系の学部の「ミッションの再定義」では、「教職大学院への重点化等」「実践型カリキュラムへの転換」「学校現場での指導経験のある大学教員の採用増」というものもあるものの、基本的には「量的縮小を図りつつ、初等中等教育を担う教員の質の向上のため機能強化を図る」と、組織の縮小へ向かう内容でした。

文系改革の方向性が見えない

このように、「国立大学改革プラン」では、学部のタイプごとにいくつかのミッション再定義の例が挙げられています。理系については比較的方向性を示しやすく、少子高齢化社会における教育学系の縮小も、ベクトルは逆ですが方向性は明確です。

問題は、人文社会系では教育学系を除き、この「ミッションの再定義」の具体例をほとんど示せていないことです。文科省にも、人文社会科学系の学部が必要だという認識はあり、そのことは様々な文書で繰り返し言われています。しかし、文系を存続させるために何をすればいいかという方向性を示すことができないでいるのです。

おそらく、多くの人文社会系で研究者個々人が一国一城の主であることが、これに影響しているでしょう。組織やチームの論理が強力な理系と違い、個人プレーの性格が濃い文系は、たとえ大学のトップや文科省が号令しても、それぞれが現状を変える必要性を感じなければ動きません。給与が確保された終身雇用の教員にとっては、無理して組織を変えていかなくても、自分たちの足場は損なわれないのです。

しかし、それでは新たな研究費を獲得する競争を勝ち抜くことはできませんから、組織の経済的基盤は弱まる一方となり、ますます苦しくなるなかで、発展を目指すというよりは、すでにあるものを守るという防衛的な姿勢になりがちです。ですから、国立大学として営々と守られてきた文系学部の伝統を守っていく、それを変えるという力に対して抵抗するというスタイルが、二〇〇四年の国立大学法人化以降、多くの文系学部や教員の間でむしろ強まっていきました。しかし、それでは先細りの予算が拡大するはずもないですから、未来が切り開かれることにはなりません。その結果、今度は政策サイドで、法人化以降、国立大の「文系は組織改革がうまくいっていない」という認識が生まれてくることになります。

その一例は、二〇〇八年三月の「学士課程教育の構築に向けて（審議のまとめ）」という中教審報告です。そこでは、「我が国の学士課程では、人文・社会系の学科に属する学生が全体の約半数を占めているが、これらの分野での教育課程の体系化・構造化に向けた取組が十分に進んでいない」という指摘がなされました。しかし、こうした指摘を受けても、文系学部内部から危機的状況を乗り切ろうとする動きはあまり出てきませんでした。

二〇一五年六月八日の通知については、「もっと文系は変わらないといけない」という文科省の一種のおどしではないか、という見方もありましたが、文科省側に、なかなか変わろうとしない文系学部への手詰まり感があるのは確かでしょう。

「イノベーション」の流れから取り残される文系

第二次安倍政権以降の大学教育をめぐる議論の動きには、従来の日本の大学教育政策の中心的存在であった中教審に加えて、教育再生実行会議と産業競争力会議という二つの有識者会議が大きな発言権を持つようになっています。

これらの有識者会議における議論で注目すべきは、「イノベーション」というキーワードで、これは理系主導で進められてきた政策方針です。

たとえば、二〇一四年一二月の産業競争力会議「イノベーションの観点からの大学改革の基本的な考え方」は、「中長期の経済成長を持続的に実現する上で、（中略）技術シーズを有する大学の知の創出機能の強化、イノベーション創出力の強化、人材育成機能の強化が求められており、大学改革のさらなる加速が経済成長を実現する上での鍵となる」と述べ、特に「改革を進める大学への重点支援を通して大学（大学間及び大学内）の競争を活性化すること」が重要と主張しています。つまり、国際的な競争力の基盤はイノベーションにある、そしてイノベーションは大学の基礎力から生まれるのだから、大学の基礎研究への支援を強化し、予算の重点配分をして大学間の競争をさらに促すべきとの考え方が、何度も強調されていくのです。

ここに示されたロジックは、「大学の研究に対する予算をもっと充実させないと日本の未来はない」という理系の大学人からの積極的なアピールです。文系ほど顕著でなくても、法人化によって基礎的研究力が危うくなっているのは理系も同様であり、それを打破するための戦略を打ち出してきていると言えるでしょう。

具体的には、一部のトップエリート大学を「特定研究大学」として扱い、「日本の将来を担う優秀な人材を育成する卓越大学院、卓越研究員制度を創設」することが提案されています。これにより、若手研究者の任期を今のように三年、五年で区切るのではなく、「長期雇用を保証する研究員を一定規模で確保する」ことが可能になるとされます。

国立大学法人化以降の大学の未来像については、中教審、産業競争力会議、教育再生実行会議などで様々に提案されてきたわけですが、理系中心の観点から、日本の大学のイノベーション力をどう強化するかという方向についてある程度まとまってきたと言えるでしょう。しかし、文系はそうした大きな流れから取り残されています。イノベーション強化における文系の役割は何か、という議論の組み立てには限界があります。なぜならば、そこで議論されてきた「イノベーション」とは異なる価値の軸を、文系は本質的に内包しているからです。それでは文系は、単なるイノベーションを超えた価値を基軸に据え、どのような具体的な方向性、有効な振興策を示していけるのか――そこのところの答えが明らかではなく、「文系はどうするのか」

という問いに誰も答えられない状態なのです。

「文系学部廃止」騒動からわかったこと

この章で見てきたことをまとめると、次の五点ということになります。

(1)「文系学部廃止」論を増殖させていったのはマスコミである。
(2)「教員養成系、人文社会系の廃止を視野に入れた組織の転換」という課題は、すでに国立大学法人化に伴う「ミッションの再定義」という流れのなかで数年前から示されており、二〇一五年六月に突然示されたものではない。
(3)法人化後の国立大学の、①資金獲得力、②イノベーション力、③グローバル化対応重視の大学改革の流れのなかで、多くの変革は理系中心の視点から展開され、文系は時代に取り残されているという認識が社会全体にある。
(4)一般社会に、「理系は役に立ち、文系は役に立たない」との通念が蔓延《まんえん》してきた。
(5)文科省もマスコミも政府の諸会議も、誰も未来の「文系」振興に有効な具体的方向性を示せていない。

これまで見てきたように、文科省は二〇一五年六月八日の通知において、「文系学部を廃止する」とは言っていません。にもかかわらず、「文系学部廃止」の言説が流布していったのは、通知が出された背景を踏まえることも、理解することもせず、安倍政権批判の一環として報道をエスカレートさせたマスコミの責任が最も大きいと言えるでしょう。

しかし、日本の国立大学文系が置かれている状況が非常に厳しいのは現実であり、なおかつ文系学部自体が抱える問題点も多いことから、「文系学部廃止」の報道がリアリティーを持って受け止められてしまう素地があったのも確かです。そこには、「理系は役に立つけれど、文系は役に立たない」というごく普通の人々が持っている通念が大きくかかわってきますが、それがどう間違っているかを明らかにし、その上で、未来の大学教育で文系は何をしていけばいいのかという方向性を示すのが、本書の目的です。

そこで、第二章以降は、前記の（4）と（5）について詳しく論じていきたいと思います。今回の「通知」に対する大学人からの批判のなかで、「文系は役に立たないかもしれないが価値がある、だから切り捨てるのはよくない」というものがありました。しかし、この批判は、文系にかかわる人間自らが「文系は役に立たない」という「常識」を受け入れてしまっていることが非常に問題です。それだけ根深く植えこまれた潜在意識とも言えますが、この「常識」そのものを覆していかなければ、「儲かるかどうか」ですべてが決まっていく新自由主義の大きな流れに文系学部が抗することはできないのです。

第二章　文系は、役に立つ

1　「役に立つ」とはいかなることか

「役に立たないが、価値はある」は本当か？

この章ではまず、第一章でも問題にした「理系は役に立つが、文系は役に立たない」という通念のいったい何が問題なのか、ということを明らかにしていきたいと思います。

今回の「文系学部廃止」論に対する反論でも、「文系は役に立たないが、役に立たないものも大切なのだ」と主張して文系の知を擁護しようとする議論が目立ちました。その一つの例として、『週刊金曜日』（二〇一五年八月二一日号）に掲載された寺脇研《てらわきけん》氏（京都造形芸術大学教授）と広田照幸《ひろたてるゆき》氏（日本大学教授）の対談「大学はカネ儲けのためにあるのではない！」を一部紹介しましょう。

寺脇　私自身、はっきり断言できますよ。「私が大学で教えている漫画論や映画論なんて、何の役にも立っていません」と。「経済効果」なんていうのも、「関係ありません」って。

同じことを、全国の大学の先生が言うべきです。

広田　大学が「経済」の道具ではない、というのはまったくその通りですよ。私が言いたいのは、人文・社会系に「経済効果」を求めるのはおかしいが、短期的には別として、長期的には、そうした「効果」はちゃんとあるんだと。

寺脇　しかし、漫画論でも、フランス文学でもインド哲学でもいいけど、こういうものは「経済効果」の話ではないんですよ、という認識を社会で広めていかないと。（中略）

広田　いや、哲学なんかこそ、実は新しいアイデアの宝庫なんです。現象の本質を抽象的な概念で論理的に考えるわけですから。長い目で見れば、そうした思索こそが、新しいアイデアを生み出す。そういう意味では、「経済効果」から見ても、ちゃんと意味はある。

両氏の立場は、「文系の知は大切である」「短期的な経済効果で文系の知の価値を測るべきでない」という点では一致していますが、そもそも文系の知に社会的効果があるべきかどうかについては、際立った立場の違いが見られます。寺脇氏が「経済効果などとはまったく関係なく、文系の知の価値を認めるべきだ」と言うのに対し、広田氏は「文系の知にも長期的かつ広い意味での社会的な効果は十分にあるし、そのことをちゃんと示していくべきだ」と考えています。

一連の文科省「通知」への批判で、寺脇氏の意見と同様の立場から、「社会に『役に立つ』ことは、大学ではなく職業訓練校に求めるべきだ」という類いの議論もかなり見られました。しかし、大学の学問は本当に、社会的有用性から離れ、研究をする人間にとって「本質的な」価値があればいいというようなものなのでしょうか――。私は、それは違うと思います。

つまり、「文系は役に立たないから不要だ」という意見に反対するために、「文系は役に立たないけれども価値がある」という対立軸を立てるのでは、「理系は役に立つから価値がある」という議論に対抗できません。それでは「文系」は、「理系」の有用性にスパイスを添えるという程度の立場しか主張できないのです。むしろ、広田氏が主張したように、文系の知こそが長く広い未来のために「役立つ」ものであるべきで、実際に「役に立つ」のだということを、もっともっと社会に示していかなければならないのです。

大学は、国に奉仕する機関ではない

ただ、知識人の間に比較的広く見られる「役に立つ」ことへのこうした反発には、ちょうど文科省「通知」への批判が噴出する直前、安倍首相が国立大学での国旗掲揚、国歌斉唱について、「(国立大が)税金によって賄われているということに鑑みれば、言わば新教育基本法の方針にのっとって正しく実施されるべき」（四月九日、参議院予算委員会）と語った統制的態度への反発も含まれているのではないでしょうか。これは要するに、「国立大学には国が金を出してあげているのだから、国のために役に立つべき」という主張です。

この主張は、何重にも間違っています。なぜならまず、国の税金はそもそも国民に由来するもので、税金への義務ということならば、国民への説明責任になります。つまり、国立大学は、それぞれどのような方針に基づいて学生を選抜し、教育し、社会に送り出しているのかを国民に対して説明する責任を負っている――これが、そもそもの税金の拠出者である国民に対して国立大学が負っている義務になります。どう考えても、「税金によって賄われているのだから、国家に奉仕すべきだ」という話にはなりません。

しかも、ここでの問題はそれだけではありません。というのも、私が今、あえて「説明責任」という言葉を使ったように、国立大学は、国民からの税金によって賄われているとしても、国民の願望や要請の実現のために奉仕する組織ではないのです。たとえば、多くの日本国民が、日本人学者にノーベル賞を取ってほしいと願望している。だから国立大学が、一人でも多く日本人がノーベル賞を得られるようにその大学の研究体制を組み替えるとなったら、これは本末転倒も甚だしいことになります。大学にとって、たとえばノーベル賞は結果であって目的ではあり得ません。大学は、オリンピック選手養成機関のような組織とは根本的に異なるのです。様々な世界的な賞を得、名声を博するような人が大学から出てくるとしても、そうしたことを目的に大学があるのでは絶対にありません。

同様のことは、私立大学にも当てはまります。私立大学にとって、学生からの授業料収入は大学予算の重要な部分を占めますが、だからといって私立大学が授業料を払っている学生やその保護者の願望や要請だけを聞いて教育し、成績をつけていたら、その大学の教育研究はだんだん劣化していくでしょう。もちろん、いずれの場合でも学生や保護者への説明責任が大学にはあるのですが、説明責任を負うことと奉仕することは違います。

つまり、大学は一般企業や商店とそこが根本的に異なるのであって、大学の目的、価値は国に従順な学生を育てることでも、学生を、その父母の期待をそのまま具現したような若者に仕立て上げることでもありません。大学は、保護者や国民に対して学生たちを立派に育てる義務を負っていますが、その「立派さ」の基準は、保護者や一般の国民が通念として考えているものと一致するとは限らないし、通念に従うべきでもないのです。

大学は、人類的な普遍性に奉仕する

ここで重要なのは、そもそも「役に立つ」とは、単に国家や産業界のためだけに「役に立つ」ことだとは限らないことです。国民国家や近代的企業よりもはるかに古い歴史を持つ大学は、国や産業界に奉仕するために生まれた機関ではありません。その一方で、大学はその成立当初から自己目的的に、学問そのものを目的とするという機関であったわけでもないのです。成立大学が、何かのために「役に立つ」ことは、この機関の成立の要件の一つでした。当初、それは神のために「役に立つ」（神学）ことや、人々の健康のために「役に立つ」（医学）ことであったでしょう。しかし、もう少し一般化すれば、大学は、人類や地球社会の普遍的な価値のために奉仕する知の制度として発達してきたのです。

すでに拙著『大学とは何か』（岩波新書、二〇一一年）で詳論しましたが、一二、一三世紀の西欧で、キリスト教的な秩序のもとに大学が生まれます。当時、中世都市の全ヨーロッパ的ネットワークとして拡大した西欧中世社会において、異なる価値がぶつかり合うなかで「普遍的な価値とは何か」が問われたからです。そこで価値の普遍性を探究していく機関が、キリスト教社会にも、近代社会にも必要でした。だからこそ八〇〇年以上にわたり大学が存続してきたわけで、この普遍性は人類的なものです。大学が普遍的な価値の探究に向かうことが、めぐりめぐって人々のためにもなるという考え方を、ヨーロッパは受け入れてきたのです。

人類的な価値とは、今日ではグローバルな価値ということになりますから、大学はグローバルな価値と国民社会を媒介していく役割を担います。いわばメディアです。単純に政府や国民に従う役割ではあり得ません。人類性とか普遍性、グローバル性は、大学にとって根本的なものです。つまり大学は、今日的な用語で言うならば、何よりも「グローバルなエクセレンス（優秀なこと、長所）の実現」に奉仕しなければなりません。たとえ国に批判的で、国民的な通念とは対立しても、真にクリエイティブに地球的な価値を創造していくことができる研究者や実践家を育てることが、大学の社会に対する意味ある責任の果たし方なのです。

2 「役に立つ」の二つの次元

目的遂行型の有用性と価値創造型の有用性

このように、大学の知が「役に立つ」のは、必ずしも国家や産業に対してだけとは限りません。神に対して役に立つこと、人に対して役に立つこと、そして地球社会の未来に対して役に立つこと――。大学の知が向けられるべき宛先にはいくつものレベルの違いがあり、その時々の政権や国家権力、近代的市民社会といった臨界を超えています。

そしてこの多層性は、時間的なスパンの違いも含んでいます。文系の知にとって、三年、五年ですぐに役に立つことは難しいかもしれません。しかし、三〇年、五〇年の中長期的スパンでならば、工学系よりも人文社会系の知のほうが役に立つ可能性が大です。ですから、「人文社会系の知は役に立たないけれども大切」という議論ではなく、「人文社会系は長期的にとても役に立つから価値がある」という議論が必要なのです。

そのためには、「役に立つ」とはどういうことかを深く考えなければなりません。概していえば、「役に立つ」ことには二つの次元があります。一つ目は、目的がすでに設定されていて、その目的を実現するために最も優れた方法を見つけていく目的遂行型です。これは、どちらかというと理系的な知で、文系は苦手です。たとえば、東京と大阪を行き来するために、どのような技術を組み合わせれば最も速く行けるのかを考え、開発されたのが新幹線でした。また最近では、情報工学で、より効率的なビッグデータの処理や言語検索のシステムが開発されています。いずれも目的は所与で、その目的の達成に「役に立つ」成果を挙げます。文系の知にこうした目に見える成果の達成は難しいでしょう。

しかし、「役に立つ」ことには、実はもう一つの次元があります。たとえば本人はどうしていいかわからないでいるのだけれども、友人や教師の言ってくれた一言によってインスピレーションが生まれ、厄介だと思っていた問題が一挙に解決に向かうようなときがあります。この場合、何が目的か最初はわかっていないのですが、その友人や教師の一言が、向かうべき方向、いわば目的や価値の軸を発見させてくれるのです。このようにして、「役に立つ」ための価値や目的自体を創造することを価値創造型と呼んでおきたいと思います。これは、役に立つと社会が考える価値軸そのものを再考したり、新たに創造したりする実践です。文系が「役に立つ」のは、多くの場合、この後者の意味においてです。

マックス・ウェーバーから学び直す

古典的な議論では、ドイツの社会学者マックス・ウェーバーによる「目的合理的行為」と「価値合理的行為」という区分があります。そこでは、合理性には「目的合理性」と「価値合理性」の二つがある、と言われました。「目的合理性」とは、ある目的に対して最も合理的な手段連鎖が組み立てられていくことであるのに対し、「価値合理性」は、何らかの目的に対してというよりも、それ自体で価値を持つような活動です。

ウェーバーが『プロテスタンティズムの倫理と資本主義の精神』で論じたことは、プロテスタンティズムの倫理は価値合理的行為であったのだが、その行為の連鎖が結果的にきわめて目的合理的なシステムである資本主義を生み出し、やがてその価値合理性が失われた後も自己転回を続けたという洞察です。そこで強調されたのは、目的合理性が自己完結したシステムは、いつか価値の内実を失って化石化していくのだが、目的合理的な行為自体がその状態を内側から変えていくことはできない、という暗澹《あんたん》たる予言でした。ウェーバーは、そのように空疎になったシステムを突破するのに、価値合理性やカリスマといったシステムへの別の介入の回路を考えようとしていたわけです。

このウェーバーの今なお見事な古典的洞察に示されるように、目的遂行型の有用性、「役に立つこと」は、与えられた目的や価値がすでに確立されていて、その達成手段を考えるには有効ですが、そのシステムを内側から変えていくことができません。したがって目的や価値軸そのものが変化したとき、一挙に役に立たなくなります。

価値の軸は必ず変化する

つまり、目的遂行型ないしは手段的有用性としての「役に立つ」は、与えられた目的に対してしか役に立つことができません。もし目的や価値の軸そのものが変わってしまったならば、

「役に立つ」と思って出した解も、もはや価値がないということになります。そして実際、こうしたことは、長い時間のなかでは必ず起こることなのです。

価値の軸は、決して不変ではありません。数十年単位で歴史を見れば、当然、価値の尺度が変化してきたのがわかります。たとえば、一九六〇年代と現在では、価値軸がすっかり違います。一九六四年の東京オリンピックが催されたころは、より速く、より高く、より強くといった右肩上がりの価値軸が当たり前でしたから、その軸にあった「役に立つ」ことが求められていました。新幹線も首都高速道路も、そのような価値軸からすれば追い求めるべき「未来」でした。超高層ビルから湾岸開発まで、成長期の東京はそうした価値を追い求め続けました。ところが二〇〇〇年代以降、私たちは、もう少し違う価値観を持ち始めています。末長く使えるとか、リサイクルできるとか、ゆっくり、愉快に、時間をかけて役に立つことが見直されています。価値の軸が変わってきたのです。

よく言われるのは、Sonyのウォークマンと AppleのiPad/iPhoneの違いです。Sonyはなぜ Appleになれなかったのかを考えたとき、Sonyは既存の価値の軸を純化していった。つまりウォークマンはステレオの聴くという機能に特化して、それをモバイル化した。その意味では非常に革新的だったのですが、ウォークマンはあくまでもステレオだったわけです。ところが

iPad/iPhoneは、パソコン、そして携帯電話という概念自体を変えてしまった。コミュニケーションがどういうものであって、そのなかでどのような技術が必要かという考え方をしているから、テクノロジーの概念そのものを変えてしまった。これが価値の軸が変化しているということです。五年や一〇年では変わらないかもしれませんが、より長いスパンで見れば、必ず価値の軸は転換をしていくわけです。

Sonyに限らず、与えられた価値軸の枠内でウォークマンのような優れた製品を作るのは、日本の、特に工学系の強みでしょう。しかしiPad/iPhoneの例が示すように、価値の転換をするというのは概念の枠組みそのものを変えてしまうことで、与えられたフレームのなかで優れたものを作るのとは別次元の話です。大きな歴史の流れのなかで価値の軸そのものを転換させてしまう力、またそれを大胆に予見する力が弱いのは日本社会の特徴であり、それが、日本が今も「後追い」を余儀なくされる主な原因だと私は思います。

理系と文系の「役に立つ」は違う

すべてがそうというわけではありませんが、概して理系の学問は、与えられた目的に対して最も「役に立つ」ものを作る、目的遂行型の知であることが多いと思います。そして、そのような手段的有用性においては、文系よりも理系が優れていることが多いのも事実です。しかし、もう一つの価値創造的に「役に立つ」という点ではどうでしょうか。

目的遂行型の知は、短期的に答えを出すことを求められます。しかし、価値創造的に「役に立つ」ためには、長期的に変化する多元的な価値の尺度を視野に入れる力が必要なのです。ここにおいて文系の知は、短くても二〇年、三〇年、五〇年、場合によっては一〇〇年、一〇〇〇年という、総体的に長い時間的スパンのなかで対象を見極めようとしてきました。これこそが文系の知の最大の特徴だと言えますが、だからこそ、文系の学問には長い時間のなかで価値創造的に「役に立つ」ものを生み出す可能性があるのです。

また、多元的な価値の尺度があるなかで、その時その時で最適の価値軸に転換していくためには、それぞれの価値軸に対して距離を保ち、批判していくことが必要です。そうでなければ、一つの価値軸にのめり込み、それが新たなものに変わったときにまったく対応できないということになるでしょう。たとえば過去の日本が経験したように、「鬼畜米英」となれば一斉に「鬼畜米英」に、「高度成長」と言えば皆が「高度成長」に向かって走っていくというようなことでは、絶対に新しい価値は生まれません。それどころか、そうやって皆が追求していた目標が時代に合わなくなった際、新たな価値を発見することもできず、どこに向かって舵《かじ》を切ったらいいか、再び皆でわからなくなってしまうのです。

価値の尺度が劇的に変化する現代、前提としていたはずの目的が、一瞬でひっくり返ってしまうことは珍しくありません。そうしたなかで、いかに新たな価値の軸をつくり出していくことができるか。あるいは新しい価値が生まれてきたとき、どう評価していくのか。それを考えるには、目的遂行的な知だけでは駄目です。価値の軸を多元的に捉える視座を持った知でないといけない。そしてこれが、主として文系の知なのだと思います。

なぜならば、新しい価値の軸を生んでいくためには、現存の価値の軸、つまり皆が自明だと思っているものを疑い、反省し、批判を行い、違う価値の軸の可能性を見つける必要があるからです。経済成長や新成長戦略といった自明化している目的と価値を疑い、そういった自明性から飛び出す視点がなければ、新しい創造性は出てきません。ここには文系的な知が絶対に必要ですから、理系的な知は役に立ち、文系的なそれは役に立たないけれども価値があるという議論は間違っていると、私は思います。主に理系的な知は短く役に立つことが多く、文系的な知はむしろ長く役に立つことが多いのです。

3 「人文社会系」と「教養」「リベラルアーツ」の違い

「文系＝教養」という誤解

ここで議論をさらに一歩進める前に、今回の人文社会系擁護論の多くが曖昧にしていたもう一つの論点について整理しておく必要があります。今回、少なからざる論者が、人文社会系と教養教育、さらにリベラルアーツを混同し、文科省は大学から教養教育をなくそうとしている、と批判していました。たとえば、二〇一五年六月一七日の読売新聞の社説は、「古典や哲学、歴史などの探究を通じて、物事を多面的に見る眼や、様々な価値観を尊重する姿勢が養われる。大学は、幅広い教養や深い洞察力を学生に身に付けさせる場でもある」という考えから、「仕事で役立つ実践力を大学で磨くべきだとの声」や、「英文学を教えるより、英語検定試験で高得点をとらせる指導をした方が有益」との声の浅薄さを批判しました。この批判自体は正しいのですが、それでもここでは「教養」と「文系」が曖昧に重ねられています。

新聞だけでなく、経団連もややこの種の混同をしており、第一章で触れた彼らの「通知」批判でも、「基礎的な体力、公徳心に加え、幅広い教養、課題発見・解決力、外国語によるコミユニケーション能力、自らの考えや意見を論理的に発信する力などは欠くことができない」ので、産業界は単純に「即戦力」を求めているわけではないことを強調していました。明らかに、ここで経団連が強調していたのは教養教育や後述するコンピテンス形成のための共通教育の重要性です。「教養」や「コンピテンス」の擁護がなぜ「文系」の擁護に直結するのか、そこのところのロジックは明確ではありません。

さらに、六月二九日付け日経新聞に掲載された石弘光《いしひろみつ》・一橋大学元学長の談話でも、「大学は学問を通じ、その時代ごとの社会的要請とは別に、普遍的に人類の存立・発展、社会経済システムの基盤のために知の創造・伝承を行う場である。（中略）物事に対する洞察力を深め、多様な価値観を尊重し、そして自ら人格形成に努めるために、主に人文社会科学に立脚する幅広い教養こそが不可欠なのだ」との主張が展開され、「教養」と「文系」を重ねることで、実用性重視の「文系無用論」が批判されています。

しかし、人文社会系の役割は、学生に幅広い教養を身につけさせることだけではありません。人文社会系の知を成り立たせているのは、たとえば法学、経済学、政治学、社会学、人類学、心理学、歴史学、文学、映画学などで、これらの学問領域はそれぞれ狭く深い専門知であり、決して幅広い教養知ではないのです。そして「文系不要論」が云々されることで問題になっているのは、単に教養知という以上に、人間や社会についての学問である文系の専門知が、本当に「役に立つのか」ということではないでしょうか。

「文系＝教養知」という置換が行われることによって、「文系＝教養教育、理系＝専門教育」という二項関係で物事が理解されてしまうことは非常に問題です。本来、教養教育は文系に限ったことではなく、天文学や地学、生物学や環境学も含めた自然科学の知も含まれているはずです。「深い」専門教育と「広い」教養教育は、文系理系の双方にあるもので、実際の学問知の広がりは二つの軸と四つの象限から成っているのです。このような「文系」への誤解の根底には、「文系の専門教育は役に立たない」という間違った前提があると思います。

文系も理系も含まれる「リベラルアーツ」

「文系＝教養」という概念の混同に問題があるだけでなく、「教養」という概念の理解が非常に曖昧なことにも問題があります。実は、「リベラルアーツ」と「教養」と「一般教育」は、それぞれ微妙に異なる概念なのですが、多くの場合、これらは区別されないまま論じられています。最近では「共通教育」や「コンピテンス」といった新しい概念も加わり、複雑さが増しました。人々が広義に「教養」とか「リベラルアーツ」と言うとき、これらの概念の違いをどれだけ認識して議論をしているかは疑問です。「文系＝人文社会系」の役割とは何かを明確にしていくためにも、広い意味での「教養」の周辺に分布するこれらの概念が、それぞれどう違うのかを示しておきたいと思います。

これらの諸概念のなかで、「リベラルアーツ」は最も古く、すでに古代にこの概念の核は存在していました。より直接的には、「リベラルアーツ」は、一二、一三世紀に誕生した中世の大学教育における自由七科（文法学、修辞学、論理学、代数学、幾何学、天文学、音楽）を指します。音楽が主要科目に含まれるのが面白いところですが、重要なことは、この七つの学問が大きく二つのグループに分かれる点です。つまり、文法学、修辞学、論理学は、言葉と言葉を組み合わせて論を立てる「言葉の学」、つまり文系に近い学問であり、代数学、幾何学、天文学は、数字や形を組み合わせる「数の学」、いわば理系に近い学問です。「リベラルアーツ」にはこの両方が含まれ、その構成比は文系、理系、芸術系が、三対三対一になっているのです。

この自由七科は、中世の大学の発展と共に、「学芸学部（Faculty of Liberal Arts）」から「哲学部（Faculty of Philosophy）」に統合されていきます。現代の哲学には文系のイメージが非常に強く持たれていますが、本来、「リベラルアーツ」を統合した哲学は、文系でもあり理系でもある学問です。たとえば、解析幾何学の原理を確立したデカルトや微積分法を発見したライプニッツのような一六、一七世紀を代表する哲学者たちは数学者でもあったわけで、今風に言うならば文系も理系もできる人々でした。彼らにとっては「リベラルアーツ＝哲学」であり、そこには理系的な知と文系的な知の両方が含まれていたのです。

国民国家と「教養」の誕生

他方、「教養」概念の成立は、「国民国家」の形成、それと並行して生じた大学の「第二の誕生」と切り離せません。一九世紀初頭、瀕死《ひんし》の状態にあった大学は、ナショナリズムの高揚を背景に、劇的な「第二の誕生」を迎えます。この大学の復活は、一九世紀初頭のドイツ（プロイセン）で起きたことで、このドイツ発の新しい大学概念と制度が、二〇世紀を通じて米国に中心を移動させながら世界に広がり、一八世紀には大学を時代遅れに見せていた専門学校やアカデミーなどの制度を呑《の》みこんで人類史上最大の研究教育体制にまで成長していくのです。

このドイツにおける新しい大学誕生の契機となったのは、ナポレオンに対する軍事的敗北でした。一八〇四年に皇帝の地位に就いたナポレオンは、翌年のイギリスとの海戦では敗北を喫するも、大陸では無敵の進軍を続け、ヨーロッパ全土を制圧します。敗戦国となったドイツでは改革機運が強まり、フィヒテは一八〇八年に「ドイツ国民に告ぐ」を発表、一八〇九年にはフンボルトが大学改革に着手、ベルリン大学が誕生してフィヒテが初代総長に就任します。ナポレオンのヨーロッパ支配が続いていた時代、ベルリン大学誕生は、一八世紀の啓蒙思想を受け継ぎながらも、ドイツをフランス帝国の支配から解放し、次世代を新しい国家建設に向かわせようとするナショナリズムの高揚と深く結びついていました。

このドイツ流のナショナリズムは、大学が目指す価値にも明瞭に反映していました。すなわち、フランスが掲げた「文明」の概念とアカデミーや専門学校、美術をはじめとする新しい知の制度に対抗して、ドイツはむしろ「文化＝教養 Kultur」の概念を掲げ、そうした「文化＝教養」の府として大学を立て直さなければならなかったのです。

一八世紀末以降、フランスが百科全書派らの啓蒙思想からフランス革命へ、そしてナポレオン戦争へと動乱の時代を生きたのに対し、ドイツは軍事・政治的にフランスに圧迫されながら、文化・学問的には、啓蒙思想とナショナリズムの交錯を通じ、同時代のヨーロッパで最高度の知的深みに達していきました。哲学者カントはその先駆者ですが、フィヒテ、ヘーゲルといったドイツ哲学の興隆があり、文学ではゲーテ、シラーが、音楽ではベートーベンが登場します。近代の大学とそこにおける「教養」の理念は、このようにしてフランス型のアカデミーに対抗したドイツの知的達成の伝統を引き継いでいるのです。

実際、ビル・レディングスが『廃墟のなかの大学』（法政大学出版局、二〇〇〇年）で見事に論じたように、特殊的有用性に対抗してカントが示した普遍的理性という概念は、やがてシェリング、シラー、シュライエルマッハーらによって民族国家の国民理性の概念へと歴史化＝国民化されていきました。大学教育の場で、そのような近代的国民的理性の概念を具現していくのが、まさに「文化＝教養」という考え方です。その場合、大まかにいうならば、「文化 Kultur」は自然から理性に向かう歴史的プロセスを指し示し、それが個人の発達プロセス、人格の陶冶としても理解されたのが「教養 Bildung」です。近代の大学では、学問的な研究対象としての「文化／自然」と教育の目的としての「教養／人格」が統合されなければならないとされました。そのようにして、一九世紀以降の大学は、国民国家の発展と人格的理性の発達を重ねあわせようとする傾向を内包してきたのです。

というのも、近代産業社会は、統一された「文化」を断片化した「文明」に変え、個人の理解力の限界を超えて断片的な知識や情報で世界を飽和させます。しかし個人は、大学における学びを通じ、なお知の本質的な統一性を理解しようとする意志を持ち、「文化」の有機的全体性に参加すべきなのです。そうした全体性に向けて個人を陶冶する機関は、いまや教会ではなく国家であり、とりわけその知的中枢としての大学です。

大学で学ぶ知的エリートは、学問的な思考の規則を獲得することにより、国家の単なる使用人ではなく、むしろその自律的な主体とならなければなりません。「文化＝教養」を通じた国民主体と国家の一致――この考え方こそ、やがて日本で帝国大学の創出を担う森有礼《もりありのり》から戦後初の東大総長・南原繁《なんばらしげる》までのナショナリストを捉えて離さなかった大学理念であり、そうした発想は、ある意味で前述した「教養」擁護の諸論にまで引き継がれているのです。

「グローバルな教養」は存在するか？

このように、「教養」はきわめて国民国家的な概念ですから、よく言われる「グローバルな教養」という概念はそもそも矛盾を含んでいて、これが簡単には成立しないカテゴリーであることも容易に理解できるはずです。ドイツや英国、日本はその国民国家の発展過程で、それぞれの国民的規範としての「教養」を創造しました。ドイツでは前述したように、ゲーテやシラーの文学、カントやフィヒテ、ヘーゲルの哲学、ベートーベンの音楽などは、その規範的教養に含まれるでしょうし、英国の場合は何といってもシェイクスピアの演劇でしょう。日本では、森鷗外や夏目漱石、あるいは福沢諭吉が含まれるかもしれません。「まあそのくらいは、大学卒なら読んでいないと恥ずかしいでしょう！」とかつてなら当然のように思われていた「文化資本としての国民的知識」が「教養」の内実です。

しかし、これはなかなか国境を越えません。ところが現在は徹底したグローバリゼーションの時代、国民国家から地球社会へと知の社会的基盤が転位しつつある時代です。いかなる大学教育であれ、グローバル、多文化、多言語、インターネットといった環境条件の変化に対応できなければ、あと半世紀と生きのびることはできません。「教養」とはやや異なる次元から「コンピテンス」のような概念が浮上し、急速に拡大しているのもそうした兆候です。知識の内実が問題とされる「教養」に比べ、後述するようにあくまでスキルに照準する後者は、国境を越えることが容易だからです。しかし問題は、このようなスキル養成型の教育だけで、未来の大学教育の基礎が築かれ得るのかという点です。「教養」は、たしかに近代ナショナリズムと不可分に結びついて発達してきた概念ですが、その中身にはある「豊かさ」があります。これをその深部から内破して、いかに矛盾を含んでいても「グローバルな教養」を可能性として提起することに、意味がないとは言えません。

4　大学基礎教育の二〇世紀的変容

「教養」と「一般教育」は同じではない

以上のように、「リベラルアーツ」は中世からのキリスト教世界を背景にした概念、「教養」は、一九世紀以降、とりわけ国民国家を背景に発達してきた概念です。しかし、二〇世紀に入るとアメリカで、「一般教育（General Education）」という新たな概念が誕生して学部教育（カレッジ）のなかに浸透していきます。二〇世紀半ば以降、アメリカのカレッジは、比較的裕福な市民層を中心としていたヨーロッパのユニバーシティとは異なり、もっと幅広い国民全体を対象にしていきましたから（大学教育の「ユニバーサル化」）、一九世紀的な「教養」概念にとどまらない、一般大衆に向けて機能する基礎教育的な仕組みを必要としました。ここに登場したのが「一般教育」という考え方です。

アメリカの学部教育における「一般教育」の普及には、もう一つ、専門教育との対抗という論理も作用していました。アメリカの大学では、「深い」専門教育を担当する大学院（Graduate School）と、「広い」教養教育を担当する学部（College）が明瞭に区別されていて、「大学院」とは異なる「学部＝カレッジ」の教育指針として「一般教育」は有用でした。ちなみにこの「カレッジ」という英語、英国と米国では大きくその意味内容が違います。英国のオックスフォード大学やケンブリッジ大学の場合、「カレッジ」とは「学寮」のことで、学生が所属する大学の基本単位です。日本でいえば「学部」に近い意味になります。ところが米国の場合、「大学院」が独自の大発展を遂げますから、「カレッジ」は、その「大学院」と「高校」にはさまれた「学部レベル」の教育課程を意味するようになっていきました。

吉田文《よしだあや》は、そうした「一般教育」科目の展開を考察した『大学と教養教育』（岩波書店、二〇一三年）で、一般教育の初期の原型的なモデルとして、一九一九年にコロンビア大学で開設された「現代文明論」を挙げています。この科目の設置目的は、第一次世界大戦後の国際情勢のなかで、平和の諸問題について学生たちが早い段階から総合的に学べるようにしようとするもので、今日風に言えば「ピース・ビルディング（平和構築）」を目的とした学際的科目でした。しかもこの科目は、コロンビア大学の新入生全員の必修科目で、特に軍務から戻った学生たちの「矯正的」な教育が意図されていたそうです。

「教養」が、どちらかというと近代産業文明のなかで国民の人格を陶冶・涵養《かんよう》するために過去の伝統との結びつきを強調したのに対し、「一般教育」は人類の未来的な課題に立ち向かう能動的な知性を具《そな》えた市民の育成を目指したとも言えましょう。やや乱暴な大づかみの理解としては、「リベラルアーツ」が中世的な貴族社会に対応し、「教養」が近代的なブルジョア社会に対応していたとするならば、「一般教育」は文字通り現代的な民主主義社会に対応し、そこにおいて大衆を、受動的な消費者ではなく能動的な市民としてどう育成するかという課題を背負い、アメリカのカレッジ教育の基礎をなしていったのです。

　この一般教育の理念やカリキュラムは、日本の多くの大学で今も健在です。アメリカからこの理念の導入が行われたのはかなり早く、占領期、ＧＨＱの要請によって派遣された米国教育使節団が決定的な役割を果たしたことはよく知られています。同時に、日本の大学側で「教養」とは異なる「一般教育」の理念の導入に大きな役割を果たしたのは、戦後初の東京大学総長・南原繁でした。一九四〇年代後半、総長になって間もない時期に、南原はこの一般教育が、従来の教養教育とは大きく異なることを理解していましたし、それを東京大学の教育に積極的に導入していきました。南原は、同時代の大物リベラリストたちの多くが旧制高校の維持を目《もく》論《ろ》むなかで、むしろ旧制高校廃止と高等教育の単線化、その結果としての旧帝大への一般教育の導入を確信的に推進していきました。

　この変化の中心が、戦後の東京大学の場合、旧制一高を併合して誕生した東大教養学部であったことは言うまでもありません。南原にとって、東大教養学部の誕生は、単に旧制高校の併合で新学部が一つできたというレベルのことではなく、新制大学の可能性のすべてがここに賭けられる重大な意味を持っていたのです。

南原が一九四九年七月七日、新制東京大学の第一回入学式で行った式辞は決意に満ちていました。彼は、戦後高等教育改革において、「その成否いかんに新大学制の将来の命運がかかっている」中心的な課題として、一般教育科目（東京大学では「一般教養科目」）の導入を掲げました。南原が強調したのは、ここに導入される「一般教育」と、旧制高校のエリート文化のなかにあった「教養主義」の違いです。後者で価値とされていたのは、教養あるエリートの育成でした。しかし、新制大学の一般教育が目指すのは、異なる専門分野を総合する力です。南原が問題にしたのは、「現代の学問が、その新しい科学的発見と技術をば、全体のうちに包容し、これに精神的な力を滲透《しんとう》させるのに、いかに無力であるかという事実」です。なかでも原子力は、軍事利用であれ平和利用であれ、「われわれがその研究と利用を、学問と人生との全体的秩序のなかに繫《つな》ぎ止めえなかったならば、遂に文明の崩壊と全人類の破滅を招かずにはおかぬ」ほど、重大なリスクを内包しています。

南原によれば、この複雑でリスクを増大させている現代社会において、大学は「個々の科学や技術が人間社会に適用される前に、相互に関連せしめて、その意義をもっと総合的な立場に立って理解すること」を学生たちに学ばせなくてはなりません。すなわち、「一個の紳士とし社会人として何か身につけねばならぬ装飾としての知識ではなく、まさに時代の高さに生きんとする人間生活の基礎的条件」を学ばせることが必要なのです。

ここで求められるのは、「個々の科学的真理をどこまでも探求し追求すること自体ではなくして、むしろすでに知られている知識を各分野、さらには全体にわたって総合し組織化」する力です。一般教育は、「われわれの時代が到達したいわば生ける知識の体系について知り、それによってわれわれの世代が共有する文化と文明の全体の構造と意味」を把握するためにあります。なぜなら、「日常の生活において、われわれの思惟《しい》と行動を導くものは、個々の科学的知識や研究の結果であるよりも、むしろそのような一般教養による」のです。

「一般教育」導入の限界

しかし、南原がその可能性に賭けようとした「一般教育」は、戦後日本の大学教育に内実を伴って定着してはいきませんでした。一九四九年の新制大学発足のころは、まだ新しい総合大学はこぞって「一般教育」の考え方を基礎教育の根底に据えていました。これらの科目は、一般に「一般教養科目」と呼ばれ、その中身は、「自然科学（Natural Science）」と「社会科学（Social Science）」と「人文科学（Humanities）」に三分割されます。旧制高校のエリート育成のための「教養」科目に替わり、「学生がその大学課程の期間中に社会科学・人文科学・自然科学という人類思考の三大部門における方法と業績とに関し何等かの知識を獲得するように保証する」（文部省『日本における高等教育の再編成』一九四八年）という方針が立てられたのです。

しかし一九六〇年代以降、この三分割された「一般教養」の枠組みは、なし崩し的に弱体化されていきます。一九六三年の中央教育審議会答申「大学教育の改善について」は、「終戦後行なわれた教育制度の改革によって、わが国の高等教育機関は等しく新しい性格、内容を有する大学になったが、その実施の状況をみるに、わが国の実情にてらし、なお種々検討を要する問題がある。また最近の産業経済ならびに科学技術の発展にかんがみその改善を要望する向きが少なくない」と述べ、戦後の教育改革が日本の実情に合わないとして、産業界や理系分野から改善要望が出ていることを明らかにしています。そこで問題となった一つの論点は、「自然科学」「社会科学」「人文科学」から同じ単位数を取得させるアメリカ流の一般教育の仕組みで、そのような全分野にまたがる横断性は、「専攻分野の種類に応じた特色が考慮されていない」とされ、「三系列間の科目数、単位数の配分は、専攻分野の特色を考慮して定めうるようにすべきである」という弾力化の提言が行われました。

つまりこれは、三系列での単位取得数の自由化を意味しますが、そうなるとたとえば理系の学生が必ず文系分野の基礎も学び、文系の学生が必ず理系分野の基礎も学ぶという分野横断性が弱まっていきます。一九七一年の中教審答申「今後における学校教育の総合的な拡充整備のための基本的施策について」では、この流れがさらに進められることとなりました。「今後は、一般教育と専門教育という形式的な区分を廃し、同時に既成の学部・学科の区分にとらわれず、それぞれの教育目的に即して必要な科目を組織した総合的な教育課程を考える必要がある」と、当初の「一般教育」の概念はなし崩しになり、実質的に専門分野への導入的な課程として「一般教育」が位置づけられていきます。

「教養教育の解体」はなぜ起こったのか

こうした動きの最終段階が、一九九一年のいわゆる「大学設置基準の大綱化」(「大学の設置基準の一部を改正する省令の施行等について」)による教養教育の実質的解体です。大綱化は「各大学において、それぞれの創意工夫により特色ある教育課程が編成できるようにするため、一般教育科目、専門教育科目等の授業科目の区分に関する規定を廃止」、つまり戦後作られた一般教育科目と専門科目の区分を廃止するものでした。

「大綱化」以前、大学の教養教育の内容は文部省によって基本が規定されており、大学の判断でそれを変えるのは難しかったため、その制約が教養教育の最低レベルを保証してもいました。「大綱化」は、大学のことは大学が決めるべきだという考え方に基づく制度変更で、「教養教育の解体」を意図したのではありません。文部省は、一般教養教育の内容を文部省が指導するのではなく、「各大学において、それぞれの創意工夫により特色ある教育課程が編成できるようにする」のが望ましいと考えたわけで、それが「大綱化」の趣旨でした。

しかし、その自由化の結果、それまで教養教育を担当していた教員たちは、「教養」を教えることよりも「専門」を教えることを選びました。さらにこの大綱化とほぼ同じころに進んでいった大学院重点化の結果、大学教員の足場も専門組織に移ってしまい、一般教養教育が著しく弱体化したのです。実際、大学教員はそれぞれ自分の研究分野があり、その分野の研究で評価されるわけですから、自由になればそうした「自分の分野」をどうしても優先することになります。総論では教養教育の重要性は認めるものの、個々の教員からすれば、教えるのであれば自分の専門を教えたいと多くが望み、そう行動したのです。こうして「一般教育科目」という区分が取り払われたことで、大学の教養教育は、結果的に急速に空洞化していったのです。「大学設置基準の大綱化」によって、不満の多い窮屈な教養教育の制約を自由にしたら、大学の先生たちは皆自分の専門に籠る方向に向かったというわけです。

数年後、こうした結果を憂慮して、大学審議会（後に中教審大学分科会に再編）答申「高等教育の一層の改善について」（一九九七年）が出されています。そこでは「教養教育は高等教育全体の大きな柱であり、全教員の責任において担うべきものであるとの認識を徹底すること」が改めて必要とされ、「大綱化」後、教養教育の見直しを進めた大学では、「旧教養部に代わって設置した教養教育に関する委員会等の組織が必ずしも十分に機能していない例もある」ことが問題視されました。答申は、「各大学においては、教養教育は、従来からの専門学部の教員を含め、全教員が責任を持って担うべきものであるという認識の下、その実施・運営に責任を持つ組織を明確にする」ことが必要だと訴えています。大学審議会がこうした反省的な答申を出さざるを得ないほど、「大綱化」後の教養教育は劣化が進行したのです。

「共通教育」「コンピテンス」による「教養」の空洞化

さて、これまで混同されがちな「リベラルアーツ」「教養」「一般教育」の違いについて整理してきましたが、これらに加え、一九九〇年代以降の大学改革の流れのなかで、「共通教育」や「コンピテンス」といった概念が登場し、影響力を強めていきました。

このうち、「共通教育」には、もちろん「一般教育」的なものも入るのですが、コンピューター・リテラシーや実践的英語能力など、いわば「スキル教育」とも呼ぶべき内容の科目が多く導入されています。その他、研究倫理や情報倫理まで、要するに、各大学で学生が卒業するまでに「これくらいの技能は身につける必要がある」というものを一緒くたに入れて、教養教育の再編成が進められているのです。古典的な「教養」が、国民の文化的素養や全人格性を育もうとし、「一般教育」が、現代社会が直面する課題やその解決に向けた総合的な知識の涵養を目指したとするならば、昨今の「共通教育」は、むしろ個々の学生がグローバル社会や情報社会を生き抜くためのスキルを身につけさせようとしています。

さらに、かつての広義の教養教育と昨今の共通教育の違いを明確に示すのが「コンピテンス」という概念です。「コンピテンス」を一言で訳すならば、「活用能力」ということになります。つまり、単に何を知っているか、あるいは何を読んだかではなく、持っている知識や情報をどれだけ活用できるかという能力が重視されるのです。OECD（経済協力開発機構）は、「言語・シンボル・テクストを活用する能力」「知識や情報を活用する能力」「テクノロジーを活用する能力」「他人と円滑に人間関係を構築する能力」「利害の対立を調整し解決する能力」「大局的に行動する能力」と、具体例を挙げてキー・コンピテンスを定義しています。近年の大学は、こうした活用能力をカテゴリー化し、「何を知っているか」ではなく「何ができるか」

を、集中的に身につけさせる教育にシフトしつつあるようです。

知識を身につけることを主眼とする教養教育や、状況や課題についての認識を深めることを主眼とする一般教育では、いずれもある領域や分野の知の中身が主題化されていました。しかし今日、「コンピテンス」の概念で焦点化されるのは、知の中身よりも活用・処理の技能です。そうした意味では、「コンピテンス」は「教養」はもちろん、「一般教育」よりもさらに実践的な学びを指向しているとも言えます。しかしその分、核となるべき「教養」の内実が空洞化しているという懸念も生じています。実践力やプレゼンテーション能力、コミュニケーション力、課題解決力など、実に様々な「力」に関心が向けられていますが、そうしたなかで近現代を通じて大学が育んできた知識そのものへの関心は減退しているように見えます。

5 人文社会系は、なぜ役に立つのか

「文系」と「理系」の区別はいつ生まれたのか？

さて、以上の諸概念の違いについて認識を深めた上で、ここで「リベラルアーツ」への回帰

という選択肢を考えてみたいと思います。中世の大学教育の基底をなした「リベラルアーツ」は「自由な学」で、それに対立するのが、神学、法学、医学という三つの「有用な学」でした。この三つの学の有用性は明らかでしたが、これらに「自由」の学としての「リベラルアーツ」が対置されていたのです。神学が「有用の学」に括られるのは意外に思えますが、中世の価値の中心はキリスト教の神にあり、神にいかに奉仕するかを考える神学は、究極の有用な学でした。これに、国家に「役に立つ」法学や個々の人に「役に立つ」医学が連なっていました。

中世の「リベラルアーツ」には文系と理系が共に含まれていたわけですが、やがてそれらは分離していきます。この分離が生じるのは、前述したように、国民国家が勃興し、産業革命によって資本主義が進展していく一八世紀末以降のことです。この時代、「教養」の概念が形成されていくなかで、「文化＝教養」の国民的規範が確立していきました。そしてこうした古典的な教養知である哲学や文学、歴史学は、主として「哲学部」や「文学部」において学ばれ、これらの学部は文系的な知の中枢となっていったのです。そして他方、かつて「リベラルアーツ」においては文系から区別されずに学ばれていた「数の学」は、生物学や物理学、化学といった個別の知となって独立し、巨大化の途をたどることとなります。

このような「理系」と「文系」の分離を象徴的に示したのは、「哲学部」から「文学部」への重心移動です。近代を通じ、ヨーロッパの諸大学で法学部や医学部、神学部と並ぶもう一方の「自由」な学部に付される名称は、「学芸学部」から「哲学部」へ、そしてやがて「文学部」と「理学部」に変化しました（「人文学（Humanities）」が、大学の学部名に頻繁に用いられるようになるのは、二〇世紀に入ってからです）。「文学部」と「理学部」の分離が明白になるのは一九世紀以降で、それまでの統一的な「哲学部」ではなく、「文学部」と「理学部」、今日、私たちが「文系」「理系」の区分の根幹をなすと考える二つの学部が独立組織として確立していったのです。「文学」も「理学」も、知識に対する理性の正しい働き（＝哲学）を実践する点ではもともと同じでした。しかし、一九世紀のこうした組織的分離を通じ、両者はそもそも別の学問と受け止められるようになっていったのです。

このような分離を決定的にした最大の社会的要因は、産業革命でした。産業革命と機械技術の発達、次々に新発明が社会を根底から変化させていくなかで、社会全般の変化は理系主導で起こると考えられ、文系はそうした変化を批判するか、後追いするか、いずれにしても変化を受けて立つ立場に追いやられました。つまり、一九世紀以降の世界において、「理系」は技術主導の社会の先頭に立ち、新しい自然科学的発見や工学的発明を推し進める立場として自らの地位を確立し、「文系」はむしろそのような技術主義的社会を制御したり、そこでの価値に疑問を差し挟んだりする立場として自らの地位を確立していったわけです。このような歴史的文脈からすれば、「理系」が「役に立つ」知として発展していくことは当然でした。他方、「文系」がこの変化に批判的な距離をとっていったのも十分に理解できることなのです。

人文社会科学はいかにして分化・独立したのか

ここまで論じてきて、私たちはようやく本章の冒頭で提起した論点、すなわちなぜ、「理系は役に立つが、文系は役に立たない」という通念が間違いで、長い時間のなかで考えれば、「文系こそ、役に立つ」と主張できるのかを、歴史的な背景のなかで説明していくことができるようになります。すでに述べたように、もともと中世の大学にあったのは、「有用な学」としての神学や法学、医学と、「自由な学」としてのリベラルアーツの区別です。「文系」と「理系」という区別は存在しませんでした。そして一七世紀ころまでは、「哲学」は数学も含んだ理系でも文系でもある学問でした。つまり、「文系」と「理系」の区分は、近代産業社会以前には明瞭でなかったわけで、むしろ産業革命以降の科学技術と資本主義が結びついた体制において形成され、確立してきた区分なわけです。

こうしてこの近代産業化のプロセスにおいて、台頭しつつある新たな体制とどのような関係を結ぶかで、それぞれの学問分野の位置が決まってきました。そうした意味では、工学系の知と経済学系の知の間には、ある種の親和性があったとも言えます。しかし、経済学の場合は、そのただなかからマルクス主義が生まれてくるわけですから、単純に近代産業社会のために「役に立つ」学問として自らを位置づけていたとも言えません。いずれにしても、理学、工学、農学、医学、薬学といった「理系」の中核をなす諸分野は、この近代産業社会の大きなうねりに乗って、大学における基盤を拡大させてきました。

その典型は工学で、一九世紀半ばまでは比較的古い歴史を持つ土木工学中心の時代でしたが、一九世紀末までには機械工学が発展して役割を拡大させ、やがて二〇世紀に入ると電気工学が力をつけていきました。二〇世紀の二つの世界大戦は、化学工学の役割を拡大させ、さらにその戦争の最後の局面で登場した原子力工学が、第二次世界大戦後の工学で最大の予算獲得力を保持するようになっていったわけです。

これに対し、一九世紀以降の「文系」は、このように発展する「理系」との差異において自らの地位を確立していきます。もちろんここで「文系」と言っても、法学のように医学と共に古代にまで遡れる歴史の古い学問もあり、一括りにはできません。実は、ここが前述したように多くの論者が「文系」と「リベラルアーツ」や「教養」を混同しがちになる理由でもあるのですが、神学や法学は別にして、政治学や経済学、社会学、人類学、それに近代的な意味での歴史学のように、かつては「リベラルアーツ」や「哲学」のなかに一括りにされていた諸分野が、徐々に文系の専門知として独立していく過程があったわけです。

世界システム論で著名なウォーラーステインは、この一九世紀以降の近代産業化のなかで、「政治学」「経済学」「社会学」「人類学」の四つの社会科学分野が、いかに相互補完的に創造＝構築され、制度化されていったのかを、次のように見事に要約していました。

「かつて社会科学は存在しなかった。あるいはただその『先行物』が存在したにすぎなかった。それから、一九世紀が進むにつれて、一連の名称が、それから学部、学位、学会がゆっくりとだが着実に登場し、一九四五年までには（それよりも早い時もあったが）今日使われているカテゴリーに結実した。（中略）（現代の学問分野の分割の）知的な源泉は一九世紀の支配的な自由主義イデオロギーであった。それは、国家と市場、政治と経済が、分析上別個の（そして大半は独立した）領域であり、各領域には特殊な諸法則（「諸論理」）があると論じたのである。社会は、それらの領域を別々に維持するべきだと切望されていたし、学者は、それらの領域を別個のものとして研究した。市場の領域にも国家の領域にも明らかに存在していない多くの現実が存在しているように思われたので、それを埋め合わせるように、こうした現実は社会学という大きな名称をまとった残り物用の福袋に入れられたのである。（中略）最後に、文明世界から遠く離れた人びとが存在し、そうした人たちとコミュニケーションをはかることは難しかったので、そうした人びとの研究は、特殊な規則と訓練法を取り入れ、幾分問題のある人類学という名称をまとうことになったのである」（ウォーラーステイン『脱＝社会科学』藤原書店、一九九三年）

ここでウォーラーステインは「社会科学」の成立について論じているのですが、同じような議論は人文学（Humanities）として括られる歴史学や文学研究、思想史、美術史などについても可能でしょう。要するに、「社会科学」であれ「人文学」であれ、これらの「人文社会系」の学問が独立した諸分野の集合体として登場するのは一九世紀のことで、そうした学問の分化は二〇世紀半ばまでには大勢が完了しているのです。

それ以降、すなわち二〇世紀半ば以降に広がっていく人文社会系の知は、ジェンダー・スタディーズやフィルム・スタディーズ、カルチュラル・スタディーズというように「スタディーズ」という接尾辞が付けられるか、あるいはポストモダニズムやポストコロニアリズム、さらにはニューヒストリシズムというように「ポスト」や「ニュー」の接頭辞が付けられ、それ以前の分野と区別されていきました。重要なのは、私たちがまず照準してきた「文系」は、とりあえずはこのような一九世紀から二〇世紀にかけての歴史的産物だという点です。

新カント派と〈価値〉への問い

ウォーラーステインの展望に含まれるもう一つのポイントは、それらの人文社会科学の分野の多く、政治学（国家学）と経済学以降に登場してくる大多数の文系の知が、「国家」と「市場」の中間ないしは外縁に形成されてきたものであると看破したことです。中世的なキリスト教秩序が崩壊し、脱魔術化＝世俗化が進行するなかで、まずは「国家」が「神」に代わる人知の領域として登場しました。他方、世俗化された社会で国家と並ぶ自律性をもった領域となったのは「市場」でした。近代資本主義＝産業社会が発展していくなかで、権力の場としての「国家」と富の場としての「市場」が二つの支配的な対象領域として確立したのは不思議ではありません。ところがこの二つでは世俗化された世界を理解するには不十分で、社会学、人類学、心理学など、人文社会科学の諸分野が次々に生成し、独立していくのです。

ところが、これらの「国家＝権力の場」にも「市場＝富の場」にも回収されない人文社会科学の諸分野は、実はある一つの共通の問いをめぐって形成されていったものだったのです。このことに、私たちは一九世紀末から二〇世紀初頭にかけての社会学や人類学、哲学や歴史学などの主要な人文社会科学の言説を俯瞰《ふかん》することで気づくことができます。

それら一九世紀末から二〇世紀にかけての主要な人文社会科学に共通の問いとは何だったのでしょうか？——答えは、「価値」です。「価値とは何か？」という問いこそが、一九世紀後半以降に台頭してくる「文系」の知にとって根幹の問いだったのです。ある意味では、「価値」は経済学においても根本の問いでしたから、形成期の人文社会科学全体にとって最も根本的な問いであったと言うこともできましょう。これこそが、「神」が価値の絶対的な源泉だという信憑《しんぴょう》が崩れた世界、つまりある種の相対性が自明となった社会で、そのような社会自体を扱う文系の知が直面しなければならなかった根本的な問いでした。

換言するなら、まさにこの「価値」の相対化を前提に、「文系」が登場してくるのだとも言えます。というのも、一つの絶対的な価値軸が永続的に続くのなら、その価値軸を批判し、新しい価値を創造することは異端の運動にとどまります。神のために役立つこと、王のために役立つこと、絶対的な神聖性のために役立つことが永続的な価値であり続けるのなら、人々はそのような目的に対する手段的な有用性だけで生きていけます。そして、少なくとも理念的には、古代ローマ帝国における皇帝、あるいは中世キリスト教世界における神は、万物に対する価値の絶対的で永続的な基準だと信じられていました。しかし、こうした絶対的で永続的な（と信じられる）価値の軸は、世俗化のなかで崩壊し、近代社会はもっとずっと複数的で流動的な価値軸の間を移動していくことになりました。

人文社会科学の様々な知は、その本質において、まさにそうした複数的で流動的な「価値」を問い、観察し、分析し、批判し、創造していく視座や方法として、一九世紀から二〇世紀にかけて形成されてきたものだったのです。このことを明瞭に示していたのが、一九世紀末から二〇世紀初頭にかけての哲学や歴史学から社会学までの諸分野における新カント派の影響力の大きさでした。「国家」と「市場」の関係を問うたマルクス主義を別にすれば、新カント派は、「文系」確立期に最も大きな役割を果たした知のパラダイムでした。

その新カント派のなかでも、特に西南ドイツ学派と呼ばれたヴィンデルバントやリッカートが探究したのは、同時代に自然科学的な合理性が近代産業社会と共に支配的になっていくなかで、哲学や歴史学、社会学といった人文諸科学は、いかなる存在意義を持ち得るのか、という問いでした。そこでヴィンデルバントは、「科学」には二種類あり、「自然科学」が法則定立的な科学であるのに対し、「歴史科学」は個性記述的な科学であると主張しました。つまり、「理系＝法則定立的科学」／「文系＝個性記述的科学」という二分法を導入したのです。「法則定立的」とは、観察された現象から常に同一である形式や法則を発見していく知です。他方、「個性記述的」とは、歴史的に一回限りの個別事象を記述する知です。当時、「科学」概念が自然科学に限定されがちになるなかで、彼は、「科学」とは「自然科学」と「歴史科学」の二種類の異なる科学概念を含むと主張しました。

こうした立場に対し、リッカートは人文社会科学を「歴史科学」よりも「文化科学」として規定し、「文化」概念をより重視しましたが、その彼にしても、人文社会科学にとって「価値＝文化」の問いは根幹的なもので、その「価値」について探究するのが「文系」の存在意義だと認識していたのです。そして、この認識を二〇世紀の社会科学に発展させていったのがマックス・ウェーバーでした。前述のように、ウェーバーは近代資本主義社会において、かつては価値合理的に意味を持っていた行為が、システムの自己展開のなかで目的合理的にしか意味を持ち得なくなったのはなぜかという問いを発しました。つまり、近代社会における「価値」の構造的な空洞化を問題にしたのです。こうした議論の背後に、価値創造的な文系＝人文学の知と、目的遂行的な理系＝工学の知の葛藤を読み取ることもできるでしょう。

文化主義への様々な批判的介入

こうした新カント派の「文化主義」とも呼べるパラダイムは、二〇世紀を通じ、階級や言語、構造といった「価値」を成り立たせる力の作用に注目したマルクス主義や構造主義、ポスト構造主義などに批判されていきます。たとえばマルクス主義は、価値と階級や資本の関係を問題にし、構造主義は、価値や意味が言語論的構造に基づいて生産される様子を解き明かしました。さらに、この関係に権力の働きを見たのが、フーコーやサイード以降のポスト構造主義やポストコロニアリズムの視点でした。これらはいずれも、「価値」の問題を、ただそれだけを独立させて論じても駄目だと考える点で共通していました。このように、一方では「価値」への注目、他方では「階級」や「言語」の視点からの文化主義への批判が、二〇世紀の人文社会科学の主軸の流れをなしてきたのです。

そして、これらの批判を通じて新しい人文社会科学のパラダイムが組み立てられていくなかで、帝国と植民地、ジェンダー、階級や差別を問題にしたジェンダー・スタディーズやポスト・コロニアル・スタディーズ、カルチュラル・スタディーズといった視点も加わっていくことになります。このように、一九世紀以降の人文社会科学の流れはたしかに多様で複雑ですが、それでもその多くが共通して「価値」と「階級」や「ジェンダー」「人種」「言語」「権力」などの関係を焦点に据えてきたことがわかります。

自分たち自身を疑う知としての人文社会系

つまり、文系、すなわち人文社会科学ほどに、「価値」の成り立ちという問題について長い時間をかけて議論をしてきた知は他にないのです。その究極の理由は、人文社会科学の対象が私たち自身だからです。そして、私たち自身を問うということには、私たちが当たり前だと信じていることを問い直すモメントが含まれているわけです。自然科学の対象は、基本的に私たちの外側に存在します。たとえば、人文社会科学であれば言葉、身体・心性、風景として問題とすることを、自然科学であれば情報、人体・脳、環境とします。実体的には同じものでも、私たち自身の内側として見るか、私たちの外側にあるものとして見るかで見方が違う。私たち自身の問題として見るときには、価値や意味の問題は根幹をなします。この点についてずっと考えてきた学問が人文社会科学であり、その観点からの考察が役立つのは、私たちが歴史のなかで変わるからなのです。

人類は変わることができるし、否応なく変わっていく。それが歴史というものです。私たちが変わるということは、歴史のなかで価値や意味が多元的に変化していくということです。つまり、価値とはそもそも多元的なものであり、複数的なものであることを人文社会科学は深く考えてきたし、その考察には大きな可能性があるのです。単に教養に富むというのではなく、人類社会のために長い目で有用なのです。

この有用性は、五年、一〇年の短期の有用性ではありません。人々が当然だと思っている価値は、三〇年、五〇年あれば変わる。それだけ先を見通すなら、人文社会科学がいかに有用かを証明できるはずです。誰に対してそれをするのかと言えば、人類ないし地球社会です。大学の歴史は国民国家よりも古く、中世以来、大学は国家や民族を超えた普遍性に奉仕してきました。今後も、大学は人類の未来や世界的普遍性に奉仕すべきです。そしてそれは、非常に長い時間の奉仕になります。なぜならば、大学は過去八〇〇年以上の時間をかけて発展をしてきたわけですし、組織形態は変わっても、おそらく人類史の続く限り続くからです。六年単位で大学の存在価値を証明することなどできません。しかし、六〇年単位ならばできるはずです。

「文系」は長く役に立つ!

この章で考えてきたことをまとめると、次の七点ということになるでしょう。

（1）「役に立つ」には、手段的有用性の次元と価値創造性の次元がある。

（2）「役に立つ」ことは、その目的となる価値の軸の転換を含んだ長期的変化のなかで考える必要がある。この価値の軸は、長い時間のなかで必ず変化する。「文系」の知は、価値の軸の変化を予見したり、先導したりする価値創造的な次元を含み、「長く役立つ」知で、主に理系が得意な「短く役立つ」知とは次元が異なる。

（3）「リベラルアーツ」には言葉の学（文系）と数の学（理系）の両方が含まれ、この文理越境性は近世の「哲学」の概念にも引き継がれていた。

（4）「教養」は国民国家と不可分の関係をなして創造された概念で、なかなか国境を越えられない。グローバル化のなかで、この概念は根本的な脱構築を迫られている。

（5）戦後、「一般教育」として米国から導入された「自然科学」「社会科学」「人文科学」を横断するカリキュラムは、一九六〇年代には曖昧になり、九〇年代には崩壊した。

（6）今日の人文社会科学の多くは、一九世紀末から二〇世紀にかけて、「国家」と「市場」の中間ないしは外縁の領域を扱うものとして形成された。それらは自然科学に対して自らの存在意義を探り、「価値」の探究を共通の根幹的な問いとしていった。

（7）大学は、人類的な普遍性に奉仕する機関であって、国立大学といえども国に奉仕する機関ではない。

以上、この第二章では、「文系は役に立たないけれども価値がある」という立論に反対してきました。文系の知は、既存の価値や目的の限界を見定め、批判・反省していくことにより新しい価値を創造することができる知です。そこには価値創造的な次元があり、それは長期的に「役に立つ」知なのです。しかし、戦中・戦後の日本の大学では、一貫して理系重視、文系の周縁化が進んできました。「文系学部廃止」以前に、日本の国立大学は、実質的に理工系大学となっていたのです。そうした状況に抗しつつ、国立大学のなかで「長く役に立つ」文系の知の可能性を探るのが課題です。その際、文系の知としてのみ理解されがちな「リベラルアーツ」が、本来、文系と理系両方を含む基礎知であると思い出すことも必要です。これらのことを踏まえて、第三章以降では、文系の知と理系の知、さらには二一世紀の大学にとっての様々な越境の方策を考えてみたいと思います。

第三章　二一世紀の宮本武蔵

1　大爆発する大学をとりまく危機

文系に限らない「大学の危機」

二〇一五年六月の文科省通知は、主に「文系の危機」という文脈で理解され、議論されてきました。しかし、実は「危機」が差し迫っているのは文系だけではありません。むしろ「大学の危機」こそ、文系・理系の差を越えて日本の大学が直面している現実なのです。

第一章でも触れたように、二一世紀に入り、日本の大学は、「グローバル化」「デジタル化」「少子高齢化」という三つの大波に襲われています。この三つの大波は、大学のあり方のみならず、学問のあり方、そして社会のあり方も含む三重の地殻変動を起こしており、どんな大学もこれまでのやり方に安住していては生き延びることは困難です。

これらの前提となる社会の変化については本書のテーマではありませんが、一言で言えば、社会の流動化、ボーダーレス化が拡大しています。これまでの終身雇用や年功序列型の会社主義が徐々に崩れていき、能力中心の個人主義へ移行していくなかで、格差や非正規雇用は今や大きな社会問題となってきました。人材流動性の拡大と共に、個々の企業においても、社内での徒弟制的人材育成が限界に達し、産業界から大学に対し、大学が果たすべき人材育成についての要望が強まっている状況です。ですから、たとえば大学に対してグローバル人材育成の圧力が増しているのは、日本の産業システム全体が、グローバル対応がまともにできていないという現実の裏返しでもあります。

社会のこうした流動化、ボーダーレス化、そして不安定化に対応するかのように、大学における知のあり方も変化してきました。この変化を代表するものとして、第一に知識の市場化が進行しています。徹底した市場主義が知識のあり方を支配しつつあり、たとえば知的財産権の問題にしても、知識専有による利益だけが重視される傾向が強まっています。本来であれば、知が共有されることで新たな知が生まれるという「共有（コモン）」と「創造（クリエーション）」の関係についての認識が社会全体に深められていくべきなのですが、ハリウッドの映画産業やアメリカの医薬品産業等から国内の文化産業まで、ますます「儲かるかどうか」という視点だけで知識の価値が測られるようになってきました。

二つ目の変化は、知のグローバル化です。たとえば昨今、世界の大学共通に多大な影響を及ぼしているものに、タイムズ・ハイヤー・エデュケーションやQSなどの機関が発表する世界大学ランキングがあります。そこで上位を得ていくには、英語で教育や研究を行っているかどうかがかなり影響します。もはや日本語でどれだけ素晴らしい論文を書いても世界的な視点からすればなかなか評価の対象にすらならず、英文ジャーナルに論文を書くことや国際学会で発表すること、英語で授業をしていることがますます重視されています。

三つ目の知のデジタル化は、もちろん紙媒体からデジタルへ、知識基盤の急速な転換が進んでいることです。グーグルの検索システムや諸分野のデジタルアーカイブが発展し、MOOCs（Massive Open Online Courses）のような大規模なオンライン教育が浸透していきます。MOOCsは、それまでのOCW（Open Course Ware）のような授業映像のインターネット公開に加え、メディアの双方向化による受講者の反応・理解度・能力について制作者側が把握することを可能にしており、受講者の情報が様々に利用可能になります。教育のオープン・アクセス化と学生の遠隔からの可視化が結びつけられていき、万人がアクセス可能であると同時に、万人がグローバルに階層化される仕組みが発達します。

四番目は、知の複雑化・細分化です。現在の知識は、以前よりもはるかに細分化されており、その結果、全体を見ることが難しくなっています。全体を見る視点が失われることで、多くの研究者が自分から狭い領域にはまり込むという悪循環が生じています。研究者が一度そうした狭い領域にはまり込むと、その領域の守りを固めるのに熱心になり、領域の閉塞化が進行します。ボーダーレス化のなかで逆に風通しが悪くなるのです。

少子高齢化のなかの大学爆発

以上の四つは、どれも既存の大学の知のあり方の基盤を揺さぶる環境的な要因ですが、このすべてが同時並行で進行しています。当然、そのなかで大学が果たすべき役割も、根底から変化しているのです。そうした知の基盤の劇的な変化が生じてきた過去四半世紀、大学の危機は深まる一方だったのですが、内部構造的ともいえる面でも、大学は危機に向かって歩みを進めてきました。それは、少子高齢化のなかでの大学の爆発的増殖です。

戦後、一九四五年の時点でわずか四八校だった日本の大学数は、一九四九年の新制大学移行でそれまで高等学校や専門学校だったところが「大学」に加わり、一九五〇年には二〇一校に増加します。その後、一九六〇年に二四五校、一九七〇年に三八二校と増加が続くのですが、この時期はベビーブーム世代が成人になっていくなど、一八歳人口そのものの伸びが激しい時期でしたから、この大学数の増加はそれなりに理解できます。これだけ大学数が増えても、若者の人口がどんどん増えていたので、逆に受験競争が厳しさを増し、なかなか大学に入れない

図2　戦後日本の18歳人口と大学数の推移（1948年～2014年）

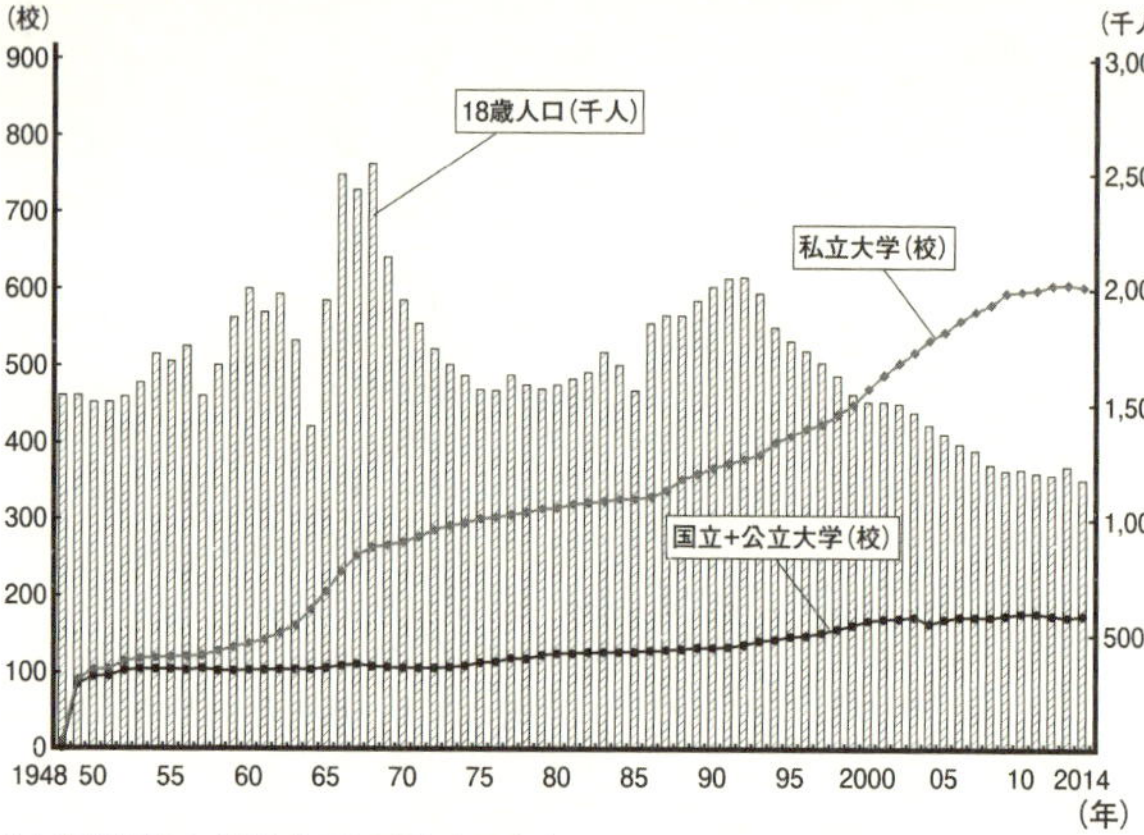

日本統計年鑑および学校基本調査報告書より作成

ことが問題にもなりました。

ところが、一九七〇年代半ばから急激な人口増は徐々に低減化し、一八歳人口は九〇年代初めから減少に転じます。本来、この時点で大学の増加にストップをかけるか、あるいは、大学がただ高卒の一八歳人口を相手にし、企業はその大学の新卒ばかりを新入社員として採用していく、という社会システムの構造改革に政府が本格的に乗り出していくべきであったと思います。しかし、そうした構造改革は十分にはなされませんでしたし、新自由主義的な規制緩和の流れのなかで大学数の増加も止まりませんでした。こうして日本の大学数は一九八〇年に四四六校、九〇年に五〇七校、二〇〇〇年に六四九校と増え続け、現在約七八〇校にまでなってしまいました。つまり九〇年代初め以降、一八歳人口は減少の一途をたどっているのに、大学は約二七〇校も増えてしまったのです。

なぜこんなことが起きたのかというと、一九八〇年代の中曽根政権のころから新自由主義の流れが強まり、文部省（当時）は大学設置基準を緩和し、二〇〇〇年代にはさらに大学の新規参入を容易にする方向へ舵を切ったことが背景にあります。規制緩和が行われ続けた結果、各地で様々な組織がそれぞれの思惑に基づいて大学を新設していきました。

私は、この一九九〇年代以降に増えた約二七〇校は過剰だったと思います。本来、日本の人口規模から考えるなら、大学全体が高等教育機関として質を守っていくことのできる限界は、せいぜい五〇〇校くらいだったのではないでしょうか。その場合でも、一九四五年には四八校しかなかったものが五〇〇校に増えるとしたら一〇倍以上で、大学数の増加率は人口の増加率をはるかに上回ります。しかし実際には約七八〇校、つまり一六倍以上に増えたのです。しかも現在では、一八歳人口はもちろん、総人口も持続的に減少を続けています。これだけの大学の規模を、維持できるはずがありません。

志願者マーケティングの隆盛——カンブリア紀的大爆発の時代

その結果、学生定員を満たしていくための様々な無理が一部の大学に生じていくことになります。これを私は、「志願者マーケティング」の論理と呼んでいます。大学が、「知を究める」学問の論理でも、「人を育てる」教育の論理でもなく、「資格を売る」、あるいは受験料や学費を稼ぐというマーケティングの論理で動いていくことになるのです。そうなると必然的に、大学のイメージ戦略や高校へのマーケティングが重要になってきます。

こうして電車内や街中で各大学が自校のイメージ広告を大幅に増やしていきました。中身の教育システム、なぜ、どのような人を育て、そのために何をどのように教えるのかということ以上に、まず自校のイメージを演出し、志願者を集めていこうとし始めたのです。こうしてある時期から、大学の社会的イメージはすっかりソフトになりました。今でも「権威の象徴」というイメージから脱していないのは、東大・京大くらいかもしれません。

今日の大学に「志願者マーケティング」の論理がどれほど深く浸透しているかを理解するには、学部名称の変化に注目するのが一番です。戦後・高度成長期と一貫して大学数は増加を続けますが、学部の名称は一九八〇年代半ばまでほとんど増えていません。一九七五年の時点で全国の大学の学部名称は六九種類、八〇年の時点では七八種類、八五年の時点では八〇種類です。増えてはいますが、それでも一〇年間で約一〇種類、一年間にほぼ一つずつの増加です。相変わらず法学部、医学部、文学部、理学部、工学部といった「一文字学部（「学部」の上に一文字しか使わない学部）」が圧倒的で、せいぜいこれに国際関係学部などが加わった程度です。

ところが、一九九〇年代に入り、状況が激変します。一九八五年に八〇種類だった学部名称数は、九〇年には九七種類、さらに九五年には一挙に一四六種類に激増するのです。一九七〇年代から八〇年代にかけて、学部名称の種類がまだ一〇〇以下であった時代には、「人間科学」「国際関係」「経営情報」「国際文化」「環境情報」等のように、「国際」「環境」「情報」「文化」「人間」等のキーワードを組み合わせて四文字にした名称が流行していました。つまり、「一文字学部の時代」から「四文字学部の時代」への変化です。ところが九〇年代に入り、相変わらず四文字学部は開設されていきますが、新しい流れはむしろ「コミュニケーション学部」「コンピュータ理工学部」等のように「カナ文字学部」に変化します。このへんは、グローバリゼーションのなかで大学が「売れ筋」の名称を模索していった様子を見て取れます。

こうして一九九〇年代後半以降、学部名称数の増加には歯止めがきかなくなります。一九九五年の一四六種類は、二〇〇〇年には二三八種類に、二〇〇五年には三七七種類に、二〇一〇年には四八二種類にという増加です。一九九〇年から二〇一〇年までに二〇年間で総計三八五種類、年平均約一九種類、増加したわけです。九〇年代以降、日本の大学の学部名称は「カンブリア紀的大爆発」を経験したのです。

こうした「カンブリア紀的大爆発」のなかで、とりわけ二一世紀に入ってから増えていった学部名称は実に多様です。たとえば、「リハビリテーション学部」「ヒューマンケア学部」「健康プロデュース学部」といったあたりは、おそらく高齢化社会の保健医療をテーマにしているのでしょう。それならば、「高齢化社会学部」とでもすればいいはずなのですが、名称をカタカナにし、「ケア」「プロデュース」といったキーワードを入れることで、なんとなくソフトなイメージを演出しようとしているのでしょう。

同じように、「21世紀アジア学部」「ホスピタリティ・ツーリズム学部」「グローバル・メディア・スタディーズ学部」「ポピュラーカルチャー学部」「アニメーション文化学部」等は、グローバル化とメディア文化、観光をテーマとしていることがうかがえます。どれも一昔前ならば「国際文化学部」という名称で収まっていたはずなのですが、既存学部と差異化するため、あえてカタカナで「カルチャー」「グローバル」「ツーリズム」を用い、より現代風のイメージを演出しているように思います。こうしたなかには、「シティライフ学部」「現代ライフ学部」

図3　新制大学以降の学部の種類の推移（1949年〜2015年）

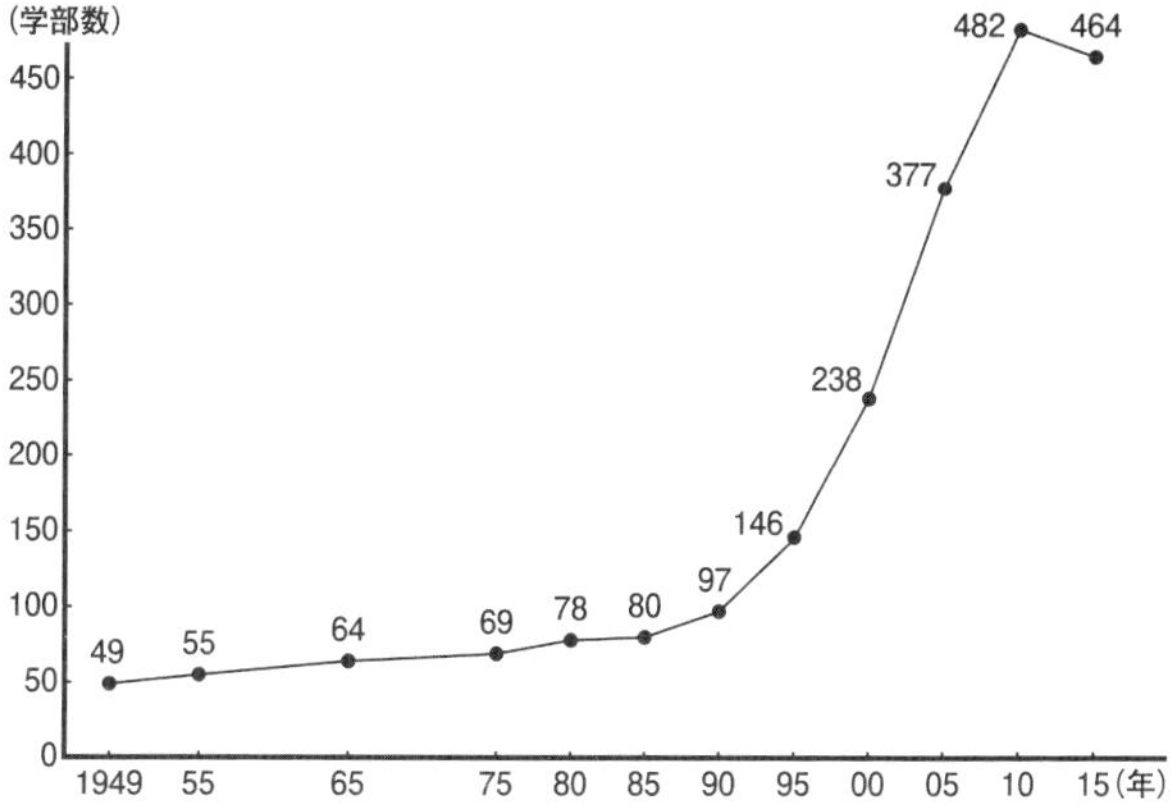

文部科学省の資料および学校基本調査より作成

「ライフデザイン学部」「モチベーション行動科学部」といったように、カタカナであまりにも一般的な用語が使われているために、学部名称だけでは、そこが何をしようとする学部なのかさっぱりわからないものも増えてきています。

　概していうなら、一九七〇年代以降、大学の学部名称は、「法学」「医学」「工学」「文学」等から「政治学」「社会学」「教育学」等まで、特定の学問分野（ディシプリン）を示すものであった時代から、「情報」「環境」「生命」「文化」「国際」等、その学部が対象にしている領域を示すものに変化しました。この変化の背景に、学問の学際化、ボーダーレス化があることは言うまでもありません。七〇年代以降、新しい知的創造は、ゼロから新しい学問分野を創出するというよりも、様々な近代知を架橋し、学際的な知の共同性を構築することにより可能になると考えられてきました。

そうした学際性は、特定の現代的課題をめぐって組織されるべきで、それが一定の領域性を帯びてきます。ただ、このように形成のプロセスでは課題中心に学際的な知を生み出そうとして設置された学部も、時間の経過と共に組織保存を優先するようになり、「学際性」そのものが閉鎖化する傾向が生まれます。これは入学した学生を学部ごとに配属させていくというシステム自体に由来する必然で、これを変えていくには「大学」や「学部」といった教育組織のあり方自体の構造改革が不可欠のはずでした。

いずれにせよ、学部名称の話に戻るなら、九〇年代以降、学部の名称は高齢化、グローバル化等の現代的な社会変化のなかで、デザイナーやプロデューサー、マネージャー等々の、カタカナ文字職業の人材育成を目指していることを匂わせるものに変化していきました。これは、実質的に大学が職業訓練校化したということなのですが、それでは身も蓋もない話になってしまうので、名称をカタカナにすることで解釈に幅を持たせ、ビールの銘柄と同じ広告的論理で消費社会のなかでの「個性的差異化」を競ってきたのです。

世界規模での大学の爆発

二〇一〇年代以降、日本の大学の学部名称のカンブリア紀的大爆発の時代はほぼ終わったと見ていいでしょう。二〇一五年の学部名称数は四六四種で、二〇一〇年の四八二種から減少し始めています。さすがにこれほど多くの名称の学部ができてしまうと、「学部名」自体が価値を失い始めており、一部の医学部や法学部、経営学部は別にして、「私はこういうことをやりたいから、この名称の学部で進学先を探す」という思考を受験生がしなくなっている可能性があります。そのような思考はそもそもあまり日本に根づいていないのですが、それに拍車がかかり、学部名称はスーパーマーケットの陳列棚に並んだ数々の食品の名前を見て自分の好きな味を推測して選ぶ、その名前と同じようなものになってしまったのかもしれません。

それでもなお、日本の大学は今後もしばらく、その外貌の表面に化粧を重ね、一生懸命になって志願者マーケティングを続けていくしかないでしょう。根本的に、大学数が国内の一八歳人口に比べて過剰であるため、その高卒の一八歳人口の少しでも良質な部分をめぐって熾烈《しれつ》な獲得競争をするのでなければ、社会人入試を増やしてシニア層を狙うか、あるいは国際化を先端的に推し進めて留学生数を大幅に拡大させるか、この三つのどれかしか選択肢がないからです。後者の国際化に関しては、すでに立命館アジア太平洋大学や早稲田大学国際教養学部が明確な方針と運営体制を確立しており、そうした立命館―早稲田型のモデルを多くの私立大学が追いかけているように見えます。またこの国際化（大学生の学びの国際的な連携・流動化）と良質な一八歳志願者の獲得をドッキングさせ、大成功したとして話題にされてきたのが秋田の国際教養大学であることも周知のところです。

立命館大や早稲田大、それに国際教養大の例に見られるように、縮小していく日本人の一八歳人口に対して大学が魅力を維持しようとするなら、国際化と優秀な留学生の獲得は最重要ポイントの一つです。しかし、この面でも日本の大学は、今後長期的に厳しい状況に直面していくことになるでしょう。

というのも、今日、世界にどのくらいの大学が存在しているかを考えてみましょう。日本が約七八〇であることはすでに説明しましたが、米国には二六〇〇校から三〇〇〇校くらいの大学（四年制。二年制まで加えれば、約四七〇〇校以上）が存在しているとされます。日本のだいたい四倍弱です。中国の大学数は二四〇〇校くらいとされますが、このうち半数程度が短大です。だいたい日本の一・五倍程度の総数と見込むことができます。ロシアは一〇〇〇校くらい、英国、ドイツはだいたい三〇〇校から四〇〇校ほどで、日本のような大学新設のバブルは生じていません。

興味深いのは韓国の事例で、韓国の四年制の大学は二〇〇校くらいにとどまっていて、短大を入れても四〇〇校くらいです。産業から文化まで多くの面で日韓は似ていますが、韓国の大学政策は日本のような過度なバブルを生じさせませんでした。そのことが、韓国における大学の権威の高さと大学入試の熾烈さを支えているようにも思われます。家父長的儒教倫理の残存や大学教授と政府系機関の高官の間の流動性の高さという面も背景にあるでしょうが、韓国における「大学教授」の権威が日本よりもずっと高く保たれていることは、韓国の大学教師たちと交流をしていれば日常的に実感するところです。また、そうした権威への「幻想」の持続が、韓国系留学生が昨今の日本人学生よりもはるかに熱心に勉学に励むという、大学の教育現場にいれば誰もが気づく傾向を支えているようにも思います。

大学数の話に戻るならば、合計していくとおそらく全世界では一万校にも及ぶ大学が存在しているのではないかと推測されます。おおよそのボリュームとして、それぞれの大学に平均数千人の学生がいるとすると、全世界の大学生の数は数千万人です。これほど多くの、とりわけ若者たちが世界中で多様な分野を学び、それぞれのキャリアパスを求めて競争しているのです。この数の大きさは、大学の未来にとって大きな可能性です。大学には、未来の世界を変えていくポテンシャルがあると私は信じています。しかしこの数の多さは、約七八〇校ある日本の大学からすればリスクです。グローバル化のさらなる進行で、英語を世界共通の言語としつつ、一万に及ぶ全世界の大学が教育研究で競い合うとき、いったいどれだけの日本の大学が生き残っていくことができるでしょうか。私の予想は、どちらかというと悲観的です。

そもそもいくら知識基盤社会だからといって、全世界で毎年一〇〇〇万人を超える規模で生まれる大卒生の知識や技能が、本当に彼らが大学で学んだことを生かせる仕方で必要とされているのでしょうか？　まともな大学なら、カリキュラムに従って彼らに知識と思考方法を身につけさせ、学位を与えて社会に送り出します。しかし、そのようにして大学で学んだことが、その後のキャリアに確実に役に立ったと思える人は、相当に運のいい人かもしれません。国内はもとより、全世界的に見てもだぶつき気味なほど数が増えてしまった大学にとって、これほどの数の大学生を教育し続けることの意義はどこにあるのでしょうか？　企業や行政のニーズにあわせた一種の職業訓練校になっていくことは、本当に大学の生き残りの道なのでしょうか？　もしそれが、大学の自己否定以外の何ものでもないとするならば、一万に及ぶ大学がグローバル競争のなかで生き残る道はどこにあるのでしょうか？　この章と次章では、段階的にそうした問題について考えていきたいと思います。

2　大綱化・重点化・法人化——新自由主義のなかの大学改革

大学院重点化と学部・大学院をめぐる日米のズレ

その前に、今日における日本の大学危機は、これまで述べてきた人口減のなかでの大学数の継続的増加、知の市場化、世界規模での大学爆発といったマクロな変化によってもたらされるだけでなく、一九九〇年代以降、文科省に先導された大学政策の結果でもあることを確認しておきましょう。この危機は、大学設置基準の大綱化、すなわち教養教育の規制緩和、それから大学院重点化、さらに国立大学法人化という三つの政策によってもたらされました。このうち教養教育の規制緩和がもたらした結果については、すでに第二章で詳論しました。また、国立大学の法人化が、大学内でどう貧富の格差を拡大させてきたのかも、すでに第一章で述べた通りです。したがって、ここでは残る一つ、すなわち大学院重点化が、その後のとりわけトップクラスの大学にもたらした帰結について簡単に説明しておきます。

大学院重点化の目的は、欧米に比べて見劣りすると思い込まれていた日本の大学院教育のレベルを向上させてグローバル競争に対抗することにありました。そのため、重点化した大学で教員の講座（その教員のポストが置かれる組織上の所属）が学部から大学院研究科に移ることで、一講座当たりの国の予算を軒並み拡充させ、同時に大学院の学生定員を大幅に増やし、結果として日本のトップクラスの大学が輩出する博士の学位取得者を増やしていこうという目論見を持っていました。しかしその際、必ずしも十分に議論されなかったのは、そもそも日本のトップレベルの大学教育が、どのような歴史的成り立ちによって、それまでその質を維持してきたのかという点についての理解です。

すでに第二章で示したことですが、戦前までの日本の大学は、基本的にはドイツ＝ヨーロッパ型でした。つまり、エリートの教養教育は主に旧制高校が担い、ユニバーシティつまり大学では、学生はフンボルト理念の根幹である「研究と教育の一致」という方針で、文系はゼミナール、理系は実験室において教授の下で研究を進めながら専門知を学んでいく仕組みだったのです。これは、今日的なイメージでいえば学部よりも大学院に近いと言えるでしょう。

ところが占領期の教育改革の一環として、それまでの専門学校や高校の一部が大学に昇格しただけでなく、大学においてはリベラルアーツ・カレッジ型の一般教育科目が大幅に導入され、新しい大学レベルの教養教育の基礎が築かれていきました。結果的に、戦後の大学では、学部前期がアメリカ型、後期がドイツ＝ヨーロッパ型になっていったのです。

ここで必然的に生じるのは、大学院の位置づけという問題です。米国型の大学システムならば、大学院の位置は明白です。大学＝学部教育がカレッジでのリベラルアーツ教育（ないしは一般教育）ですから、その上の大学院では、それぞれの専門知について研究と教育を一致させながら学ぶことになります。ところが日本の大学では、すでに戦前からそのような専門教育を大学教育の根幹としてやっていました。戦後、一般教育のカリキュラムが入ったことにより、大学教育はカレッジ型の教育とユニバーシティ型の教育の混成になりました。つまり戦後になっても、米国では大学院の修士課程でするような教育を、旧帝大をはじめとする国立大学、早慶などのトップクラスの私立大学では学部後期課程において実質的にやっていたのです。そして、この教育慣行の実質を重視するなら、大学院は相対的に軽微な、つまり専門の研究者になろうとする者がそのトレーニングを受ける課程として用意されていればよかったのです。大学の教員職や研究機関の研究職のポストがそれほどあるわけではありませんから、大学院の学生定員が限られていたのは当然です。

ところがこれはあくまで実質上の話で、制度の形式としては、学部は学部、大学院は大学院です。二〇世紀後半を通じ、米国型の大学・大学院システムに世界の高等教育システムが次第に標準化されていくなかで、専門教育を受けた者には「修士」「博士」といった学位を授与して質保証することが当たり前と考えられるようになっていきました。二〇世紀末までに、大学院には大学や研究機関で専門研究をする者だけでなく、もっと広い意味での専門家の養成と質保証が期待されるようになっていったのです。もちろんそれらは、かなり前から米国の大学院が果たしていた役割で、米国的な社会の仕組みからすれば、そのような広義の専門家を質保証することこそ大学院の役割であったわけです。

大学院重点化の二つの帰結

一九九〇年代の日本の大学院重点化政策の失敗は、以上のような日米の大学の専門家育成という面での歴史的な違い、それに大学院と社会の結びつきの違いを十分に考慮に入れず、「大学院」という単体で日本の仕組みを米国化しようとしたことに起因します。大学院重点化を成功させるには、大学政策以前に社会政策として、すなわち日本社会における専門家の地位の確立、大学院で学位を得た人材が専門職として組織を越えて活躍できる仕組みを作っていくことがなされなければならなかったはずです。ところがそうしたキャリアパス全体への視座を欠いたまま、大学院重点化が政策として進められ、しかもなし崩し的に重点化大学が拡大されていったために、少なくとも二つの重大な結果がもたらされることになりました。

一つは、大学院のレベルの実質的低下です。重点化により大学院生の定員は大幅に増えましたから、それらの大学院には、それまで大学院進学を諦めていたような層が入ることになりました。強調したいのは、そのことがすぐに質の低下をもたらしたわけでは決してないことです。むしろ、今までそれほど制度化されないまま、エリート主義的な仕方でなされていた大学院教育は、学生数の拡大と共に基盤が充実し、カリキュラムの制度化も進んで活性化していった面があったのです。

ところが問題は、そうして入学した重点化後の第一世代が博士課程に進み、彼らのキャリアパスに様々な困難があることが見えてくるころに顕在化し始めます。というのも、重点化後、修士・博士課程の大学院生数は大幅に増えましたが、大学教員にしても研究機関の研究職にしてもそれほど増えたわけではありません。当然、入口で流れる水の量が増えたのに出口の大きさが同じですから、水は詰まって、横に噴き出していく事態が生じます。優秀な先輩が苦労をして学位まで得たのにその後の生活に苦労をしている現実は、後続する同じく優秀な若者たちに大学院進学を躊躇《ちゅうちょ》させるのに十分でした。二〇〇〇年代から二〇一〇年代にかけて、それまでならば大学院に進学したであろうトップ層の学生が、文系は学部から修士に進む段階、理系は修士から博士に進む段階で、大学院に残ることのリスクを察知し、それを回避するために企業や官庁に就職していくようになったのです。

　こうしてトップ層が大学院の修士課程や博士課程に進学しなくなっていくことは、様々なマイナスの効果を大学院にもたらします。それぞれの大学院課程では、それでも学生定員をある程度は埋めなくてはなりませんから、合格のボーダーラインが徐々に下がっていくことになります。これがまたスパイラル的にネガティブな効果をもたらすわけで、「あの程度の学生が入れてしまうのなら、大学院なんてたいしたものではない」という認識が広がっていきます。そして、それがまた優秀な層が大学院に進もうとする意欲を失わせていくのです。

　しかも、そうなってくると「自分は大学入試ではA大学には入れずにB大学に行ったけれども、大学院ならばA大学に入れる」と考える層が増え、B大学の学部生がA大学の大学院に、C大学の学部生がB大学の大学院に進むといった現象が生じていきます。この現象は、一部のメディアで「学歴ロンダリング」と揶揄《やゆ》され、大学院の学歴に対する信頼が低下しました。結果的に、文科省の大学院重点化政策は、それが意図したのとまったく正反対の効果、すなわち日本の大学院の質の上昇ではなく、むしろ質の劣化をもたらしていった面があるのです。

　もう一つ、大学院重点化でもたらされたのは、重点化大学における教員たちの意識の変化です。大学院重点化をするような中核的な大学の場合、それ以前から学部後期課程で実質的に大学院のような専門教育がなされていることが少なくありませんでした。それらの大学では、学部での専門教育こそ、その大学の教育研究の根幹をなすものだったのです。

ところが大学院重点化により、教授や准教授たちの所属先は、「学部」から「大学院研究科」に移ります。「○○大学△△学部教授」が、「○○大学大学院△△研究科教授」に変化したのです。それぞれの教員からすると、自分は教授として大学院研究科に属し、学部に出向して教えに行っているという認識になってきます。大学院でどれだけの修士学位や博士学位を輩出するかに重点が置かれ、学部教育が米国のカレッジ的な位置づけになってくるわけです。その場合、本当に学部教育がカレッジならば、それはそれでいいのですが、実際には学部で専門教育を続けてきたわけで、そうすると学部の専門教育と大学院の教育の間には重複が生じやすくなります。場合によっては、教授たちが大学院教育に注力し、学部教育が次第に中途半端になっていく危険もあります。しかしそれは、戦前から日本のトップレベルの大学の教育の質を支えてきた根幹の部分が空洞化することを意味します。

3 誰が大学危機を打開できるのか

国・文科省の役割の限界

以上のように、今日、大学は幾重もの危機に直面しています。差し迫ったこれらの危機を、いったい誰が打開していくことができるでしょうか。

第一に、この点で国・文科省に期待できることには限界があります。実際、今回の文科省通知に対するメディアや世論の反発をみても、「国は余計なことを言うな」というのが昨今の人々の一般感情です。この感情が常に正しいものではなく、メディアも世論も大学の実態を的確に理解する能力を欠いている場合が多いことは、第一章で示した通りです。しかし、そうしたメディアや世論の限界はさておくとしても、グローバル化のなかで国民国家がゆっくりと確実に退潮しているのは事実で、国・文科省に大学危機の打開で中核的な先導役となれる力がもはやないことは否定できないと思います。

現状で国・文科省が大学に対して行っていることは、大学改革プランと予算を連動させることで大学の転換を先導しようというものです。大学側は、改革にあまり積極的でないと、運営費交付金という基盤的予算を減らされたり、評価を下げられて特別予算を獲得できなくなったりするのではないかという危惧を抱きますから、文科省の政策に基本的には従順です。欧米と違い、寄付金などの独自の予算財源に乏しい日本の大学は、国から交付される予算への依存度が今も高く、予算枠で導かれればどうしても文科省の政策になびいていくことになります。

このような予算誘導型の大学政策が内包するリスクは、大学が自らの才覚と実力、努力で革新的な教育研究のビジョンを打ち出し、自律的な主体として発展していく基盤が育ちにくくなる点にあります。各大学は、どうしても文科省の方針に沿い、そこから最大限の予算を引き出そうと行動しますから、そうした対応を巧みにする才覚があればあるほど、文科省予算から離れ難くなっていくのです。しかし、大学が独自の力で未来を切り開く主体となっていくには、国・文科省と企業・財団、それに在校生や卒業生という三種類のステークホルダーとバランス良く結びついていく力量が必要です。一部の私立大学は、たしかにそうした力をすでに身につけているのですが、ほとんどの国立大学にはそれがまだありません。国・文科省の予算も必要ですが、同時に国立大学がその予算に依存しないで自ら改革を進めていく主体的基盤を形成することも、国は促していくべきなのです。

産業界の経験は大学改革に有効か

他方、産業界に大学を改革していくことができるかといえば、それも違うと言わなければなりません。近年、企業の元トップが大学の理事長や学長に就任するケースも増えていますが、多くは成功していません。理由は、企業と大学の組織原理が根本的に違うためだと思われます。政府の有識者会議等で発言する産業界の人々の発言も、しばしば強い影響力を持つのですが、大学という組織の成り立ち、そこでの教育・研究の進められ方を理解した上での発言ではなく、企業の観点から考えられることを大学に当てはめたものにすぎないことが少なくありません。企業人からすると、大学という組織の成り立ち、そこでの物事の進み方を理解するのは、それほど容易ではないからです。企業ならば当然のこととして成り立ち、有効なはずの行動も、大学には実効性を持たず、まったく有益でないことが少なくないのです。

ミスマッチは主に、大学と企業で組織の成り立ちが根本的に違うことに由来します。企業はトップダウンで動く組織であり、人事権と予算権を持つトップの指令は絶対です。それだけ企業トップは構成員に対して責任も持つわけで、この組織原理が作動していないと、変化する外部環境に迅速かつ有効な対応ができず、組織は業績を悪化させていきます。指揮命令系統についてのこの了解は、企業という組織を成り立たせる根幹です。

ところがこの原理は大学では成り立ちません。大学という組織では、あくまで教授、准教授の一人ひとりが「一国一城の主」です。大学はそもそも高度な知識を備えた教師と学生の協同組合として誕生したのであり、この協同組合の掛け金は、「資本」ではなく「真理」でした。それぞれの教授は学生に教育責任を負い、同時に学問的真理に対する倫理上の責任を負います。これらだけが、大学教授の意志に制限を加えることのできる上位の規範なのです。学生を教育できない教授、虚偽を真理とごまかす教授は大学の構成員として失格です。しかし、これ以外のほぼすべてにおいて大学教授は独立と自由の権利を保持します。これが大学という組織の根本原理であり、この原理を否定すると、もはやその組織は大学ではなくなります。

ですから、大学教授間に成り立つのは、独立した主体相互の平等な関係で、両者に命令や指示、あるいは「お仕えする」関係は不可能ということになります。しかし、それでは現実の組織としての大学は成り立ちません。大学が組織として運営されるには、入試、カリキュラム設計、成績評価といった教育上の実務はもとより、研究プロジェクトの遂行、そして大学運営そのものにかかわる多くの実務や事業が不可欠ですし、それらの実施には一般企業と同じように責任者の下での指揮命令が不可欠です。そのため、大学教師は「教授」「准教授」といった独立の立場と共に、学部長や学科長、委員長、室長、室員等々といった組織運営上の職務を兼ねることになります。そして、これらの職務上の立場で大学教師がすることは、企業組織の実務と本質的な差はないのです。事業の成果はもちろん求められるし、効率性や利益も必要で、トップダウン式の意思決定が必須です。

産業界の人々が見誤りがちなのは、大学のダイナミズムを支えるのがこの微妙な二重性にあることです。もしも、大学を後者の企業的な原理だけで動くものにしてしまったら、大学の根底をなす教授たちの創造性は失われ、そのような大学は徐々に活力を失っていきます。どうやっても、企業のようには大学人は動かないのです。

他方で、大学を学者たちの自律的で平等な共同体として理想化しすぎても、大学は創造的なものにはなりません。なぜならばそのような独立性や平等性は、要するに自分の領域や流儀を守るために新しいものは認めない保守性や、他人の領域や他組織とはお互いに不干渉となる事なかれ主義と表裏だからです。教授たちによる「学問の自治」は、その「自治」という主張が特権集団の既得権益擁護の口実となる可能性を常に内包しているのです。

この二重性、つまり一方では「真理」の追究と「学生」の教育という任務を負う独立の教授たちの平等な共同体である水準と、他方でその知的ポテンシャルを活用しながら社会と交渉する持続可能な組織として運営されているという二重性は、いつも調整・媒介されているという二重性は、大学にとって根本的なことです。そしてそれは、企業のような組織とは本質的に異なるものです。構成員の独立性から大学は商店連合会に擬《なぞら》えられることもありますが、「神」「国家」「グローバル」といった超越的な権威と結びつき、一個の統合的な組織として長期的に活動していかなければならないという意味では、カトリック教会のような組織にも似ています。神父たちの独立性は、教授たちに比べれば弱いかもしれませんが、いわゆる世俗的な価値とは異なる次元に自らの組織を正当化する根幹を置いているという意味では、大学は教会や修道会と似た面も有しています。近代世界を成り立たせてきたのは、決して国家と企業だけではなく、このような修道会から各種財団、国際機関までを含む多様な形態の組織なのです。そして大学も、そうした古い歴史的起源を持ちながら近現代を生き抜いてきた組織の一つなのです。

大学のことは、大学に任せればいい？

国・文科省も産業界も、未来の大学変革の中核的な主体になり得ないとすると、大学を変えていくことができるのはやはり大学自身、なかでも大学教授たちということになるのでしょうか？——ところがこの答えに対しても、いくつもの疑念が生じます。

一九九〇年代以降、国・文科省は大学をめぐる国の規制を弱め、様々な事項について大学の自主性を尊重してきました。その結果、人口減少のなかで大学数は過剰に増え続け、大学院が若手研究者のキャリアパスを困難にするような仕方で膨張し、大学内では分野による貧富の格差が拡がり、大学教授たちが自分の専門分野中心に行動して一般教養教育の崩壊が始まったのです。つまり個々の大学、そしてその教授陣は、自分の専門や一般論では優れた見識を示すことができても、大学の未来について優れたビジョンと公共的な意識を持っているわけではないことはすでに実証されています。大学改革は大学の自主性に任せればいいという考え方が大いなる幻想なのは、現実の結果を見れば明らかです。

そもそも「大学自治」の根幹を担うと思われてきたのは教授会ですが、これは基本的にファカルティ、すなわち教授権を保持する人々から成るギルド的組織です。この教授会には、大学職員も、若手の特任教員、非常勤講師、研究員も、それに学生も含まれません。数からいえば圧倒的に多いこれらの構成員を排除して、「教授」や「准教授」がそれぞれの学部や研究科の人事権や運営権、諸々の決定権を一手に握って行使しているのが教授会という組織です。

一九六八年の大学紛争で、反旗を翻した学生たちは教授会の閉鎖的特権的構造を批判したのですが、紛争の収束と共にそうした問題提起はいつしか忘れ去られ、教授会こそが「大学自治」の当然の基盤であるかのように語られてきました。しかも、この教授会は学部・研究科で分かれていますから、どうしても大学全体よりも学部ごとの個別事情を優先しがちです。つまり、大学の自治が教授会を基盤としたものである限り、実は「大学自治」など存在せず、それはすべて「学部・研究科自治」、つまり個別組織のギルド的な自治になり易いのです。

とりわけ伝統的な国立大学に顕著ですが、教授会の自治権の強さは日本の大学の特殊性です。他のアジア諸国の大学はもとより、「大学自治」の精神が確立しているはずの欧米の多くの大学でも、教授会の権限は日本の国立大学ほどには強くありません。つまり、それぞれの学部・学科の教授陣に対し、大学執行部のプレジデント（大統領に相当）やプロボスト（内務大臣に相当）が超越的に権限を行使できる仕組みになっています。

日本の大規模総合大学は、欧米の大学と比べてみてもこうしたトップダウンの仕組みが弱く、権力は分散的で、かなりのことがそれぞれの個別組織の「自治」に任されています。その結果、大学全体の統治の仕組みは企業的でないのはもちろん、官僚制的ですらなく、むしろ「封建的」（様々な荘園がそれぞれ自治権を持って縄張りを守っている）と呼んだほうがいい体制で、学内諸組織の利害調整に膨大な時間的労力を要することになるのです。この調整労力の大きさが、日本の大学を身動きできなくさせている最大の要因です。

4　改革は、どこに向かうのか?

国・文科省は大学の教育改革に何を求めてきたのか

結局、国・文科省も、産業界も、大学自身も、誰も単独では危機的な現状にある日本の大学、とりわけ国立大学を変えることができないのです。これはいわば、幕末的な状況とも言えましょう。明らかに「黒船」はすでに来ているのに、幕藩体制に守られているので、大規模大学(特に、国立大学)ではトップダウン式の意思決定がなかなか機能しません。新たなる黒船来航をどう迎えるか、「米英列強」のアカデミックなグローバル支配が進むなかで、極東の諸大学で学内の封建諸侯の複雑な利害を調整しながらいかに「国論」ならぬ「学論」を統一できるのか――この問題に多くの大学が大変苦労をしています。

もしも経済が発展期で、文科省が大学に強力な指導力を発揮できるならば、国が頭越しに方針を策定し、それに大学を従わせていたかもしれませんが、今では国・文科省はそうした「指導力」の財政的基盤を失っていますし、そうした指導は望まれていません。他方、産業界も大学に注文はつけられても、大学内の複雑な構造に有効な手を打てません。さらに大学自身も、現状の教授会自治の仕組み自体に今日の大学が自己変革していくのを困難にさせる大きな要因があるわけですから、改革は簡単ではないわけです。幕末であれば、このような困難な状況を変革していったのは、志士たちの同志的連帯であったかもしれません。しかし現在、いったい誰が、いかにして、そのような同志的連帯を生んでいくことができるのでしょうか。

このように、「誰が」という部分がはっきりしないまま、二〇〇〇年代以降、文科省や中央教育審議会、有識者会議といった国レベルの組織から矢継ぎ早に大学に対して様々な改善のための提言やプラン、勧告、通知が出されてきました。たとえば、文科省による二〇一二年の「大学改革実行プラン」では、大学教育の質的転換のための具体的施策として、「教員の教育力向上への支援」「教育の国際的信頼性の向上」「大学院を含めた教育課程の体系化」「大学在学中の学修成果の明確化」「高大教育連携の推進」などが挙げられていました。他方、中央教育審議会大学分科会の審議まとめでは、大学が教育改革のために取り組むべき施策として、「全学的な教学マネジメント」「学生の主体的学びの醸成」「十分な質を伴う学修時間の確保」「シラバスの体系化・可視化」「科目のナンバリングによる教育課程の体系化」「(履修科目数についての)キャップ制の導入」「GPA導入による成績の数値化」「FD、SDによるスタッフ強化」「学修支援環境の整備」「高校教育との円滑な接続」などの施策が挙げられています。

流動化する社会のなかでの質保証

いくつか耳慣れない用語が出ていますが、FDとはファカルティ・ディベロップメントのことで、「ファカルティ」とは大学教師を指しますから、大学教師を開発する、つまり大学教師の能力を向上させることです。とはいえ、教授たちは自分の専門の研究には放っておいても成果を上げる努力をするので、ここで焦点化されるのは、主に教育面と国際化に関することになります。特に教育能力は、日本の大学がこれまで質のコントロールをしてこなかった点で、授業公開や学生による授業評価、授業設計やシラバスの書き方、TA（ティーチング・アシスタント）を使ったチームでの授業の進め方、アクティブ・ラーニング（能動的学修、双方向型授業など）等々についての教員の能力を向上させる様々な取り組みを指します。同じように、SDとは、スタッフ・ディベロップメントのことで、単なる事務職というのではなく、大学のアドミニストレーター（管理者）としての職員を育てるための様々な取り組みです。

また、科目のナンバリングとは、その大学が実施するすべての授業科目に統一的なナンバーを付すことです。それがなぜ重要かというと、このナンバーには、学年、分野、その科目のカリキュラム上の分類、難易度、授業のタイプといった共通の変数のなかでの値が含まれます。

つまり、その科目のタイトルや概要を読まなくても、ナンバーを見ればその科目が全科目のなかでどのような位置にあるかがわかる仕組みになっているのです。

このようなナンバーが、大学が提供する何千という科目に共通のフォーマットで付されるなら、学生が所属する学科やコースの狭い範囲を越えて、全学的な科目の構造化が可能になります。学生からすれば、自分は何番台の科目の塊《かたまり》を履修したから、次はどの番号の塊に進んでいけばいいかが一目でわかります。さらにこの科目ナンバリングを大学間で共通化すれば、大学を越えた取得単位の交換が容易になります。科目ナンバリングは、いわば通貨の交換レートのようなもので、各学科やコースが授業の質を保ちながら履修プロセスに自由度を与え、組織間で履修単位を交換可能にする前提になるものなのです。

もうひとつ、GPAについても説明しておきましょう。GPAとはグレード・ポイント・アベレージ、つまり全成績の平均点です。とはいえ成績は、普通は一〇〇点満点方式ではなく、「A」「B」「C」「D」とか、「優」「良」「可」「不可」といった段階評価です。また、科目によって授業時間数が多い重い科目と、それが少ない軽い科目があります。それらを勘案し、当該の学生が得た成績を総合的に数値化して平均点を割り出したのがGPAです。一般的には、「A＝優」は4・0、「B＝良」は3・0、「C＝可」は2・0というように数値化されますから、たとえばGPAが「3・8」の学生は、相当に優秀な学生と見なされます。他方、GPAが「2・4」の学生は、あまり真面目に勉強をしてこなかったとの評価になります。

もっとも、このGPAの数値が信頼できるためには、そもそもの成績評価が適正でなくてはなりません。出席した人に誰でも「優」をあげてしまうのは、受講学生には歓迎されてもGPAの信頼を損なう行為です。そうすると、最終的にはその大学のGPA評価全体の信頼が失われます。概していえば、欧米の大学はこの成績評価とGPAを大変厳正に出しており、GPAを信頼できます。そうすると学部編入であれ大学院進学であれ、わざわざ入学試験をする必要はなく、学生がこれまで大学で得てきたGPAを確認し、一定の数値以上ならば面接をして合否を決めれば良いことになります。GPAの信頼度を上げることは、学生の大学間での流動性を高める方向に作用するのです。

以上のように、二一世紀に入って文科省等が進めようとしてきた諸々の教育改革の提案は、流動性が加速度的に増す社会でどのように教育の質保証を実現していくのかという問題意識に基づいています。それぞれの学年、学科、学部、大学、あるいは国が、それぞれで閉じて自分のところに専属している学生を単線的に教育していればいい時代は終わりました。学生がその学びを有効な仕方で組織していくには、学科やコースを横断し、複眼的に自らの問いや獲得したい能力を軸に履修科目をデザインできるように大学側がしてあげる必要があります。また、場合によっては学年という枠を越え、上位の学年の科目を早めに履修し、逆に下位の学年の科目でも補習的に履修したほうが全体としての学びが深まるケースも存在します。他大学に学びに行き、留学して海外大学のサマープログラムに参加し、さらには一学期、一年と留学経験を積んでいくような場合、現状の多くの日本の大学は、学生がいわば「ホーム」で学んでいることと、「アウェイ」で学んでくることを構造的に結びつける仕組みを用意できていません。

変革の主体を生成する三つの条件

なぜ、こうした取り組みは、文科省に言われる前から大学サイドで実現されてこなかったのでしょうか。実際、全体として見るならば、一部の私立公立大学を除き、文科省の方針を先回りして新しい時代の教育改革に成功できた大学はほとんどありません。とりわけ旧帝大をはじめとする主要な国立大学には、日本の大学全体の動向を左右できる実力があるのですが、文科省の諸々の施策に促されてなんとか改革の諸項目をこなした形を作っているのが現状です。

なぜ、これほどまでに日本の大学は変わることが難しいのでしょうか？　その一つの答えは、日本のトップレベルの総合大学、とりわけ国立大学には、教授たちの独立性と自由を保障しつつつ、なお大学の運営や教育システムでは大学執行部が先導して改革を押し進めていく限定的トップダウンの体制がないからです。すべての改革項目について、すべての学部・研究科が納得しないと前に進めないのであれば、大学は遅々としか変化できません。ある一定の範囲内で、トップダウン式に決定がなされていく仕組みが日本の国立大学では発達しておらず、それが動きを遅くしているのです。前述の諸項目についても、合意に至るまでの利害調整に膨大な時間と労力を費やさなければならず、そのような負担が改革的な意識を持った教授・准教授たちにかかってきますから、大概は疲れ果ててしまうわけです。

一方では大学教授たちの学問的独立性と自由を認めながら、他方で組織運営においては彼らが古い権益を守り続ける保守性を切り崩し、大学を新しい状況に創造的に適応できる効率性や戦略性を備えた組織にしていくことは、どうすれば可能なのでしょうか？　一方で重要なのは、大学教授たちの知的創造性の根幹をなす独立性や自由を失わせてしまっては元も子もなくなる、つまり大学が大学である以上、それは大前提ということです。他方、現代の大学組織に求められる困難な課題を乗り越えていくには、独立性とファカルティの平等、自由の精神に基づく合意形成だけでは不十分です。私は、大学が一個の組織体である以上、次の三つの方法を組み合わせていく統合力が不可欠だと考えます。

第一は、ビジョンの共有です。大学は、学問的真理に準拠する知的共同体です。しかし今日では、中世の大学のように、その「真理」が「神」のまなざしの下に成り立つわけでも、一九世紀から二〇世紀にかけての大学のように「国家」の理性として発現するわけでもありません。むしろ二一世紀、大学の知的探究を支える準拠点は、未来の「地球社会」（の持続可能性）になってきています。大学の世界ランキングで一喜一憂し、ノーベル賞を獲得したかどうかでその人の学問的卓越性を判断するような感覚を私は持っていませんが、それでも二一世紀の私たちは地球社会に生きているのであり、大学が目指しているのは地球社会の未来に照準した価値（グローバルなエクセレンス）です。したがって、そのような大前提から、各大学がその個性に応じていかなるビジョンを生きていくべきかが議論され、教職員から学生までに深く共有されていかなければなりません。

第二は、インセンティブです。このインセンティブには様々なものが含まれますが、分かりやすいのは経済的なインセンティブ、つまりお金です。大学教授としての仕事にプラスして組織運営に特に貢献する構成員には、その貢献に見合う給与を与えることです。こうした基本的なことが、国立大学ではまるでできていません。すべてがボランティアベースなので、特に使命感がない教員は、できるだけそうした業務は避け、自分の研究に専心するか、外部組織の委員等になって報酬をもらって社会的地位を固めていきます。現状では、そのほうが利口なやり方です。換言するなら、ここにあるのは、「平等」という形の「不平等」です。日本の大学では教員間に平等原理が強く作用しており、特に国立大学では給与はほとんど年齢や勤続年数で決まります。教育への貢献や組織運営面での大学への貢献は給与にあまり反映されませんから、そこで頑張っても経済的に報われないのです。

ただ、仕事に応じてお金を渡すのは、あまり上品ではないと思う人もいるかもしれません。その場合は、人的なインセンティブという考え方もあります。大学教員にとって、研究は自分の存在価値であり、キャリア上も不可欠なので、普通はそれぞれが努力します。しかし教育は、誠意をもって学生に対する人とそうでない人の差がかなりあります。組織運営的な業務に至っては、教授たちのなかには、そうしたことにまったく不向きな人が結構いますから、千差万別です。この組織運営的な仕事や教育は、やる気がない人やそもそも不向きな人に押しつけても効果は上がりません。結局、意欲があり、力もある人が過剰に負担をすることになります。これではあまりに不平等なので、「不平等」を多少なりとも是正する給与以外の方法は、若手の支援スタッフを付けることです。つまり、教育や組織運営上の仕事が多い教員に、その人の仕事を支援する若手スタッフや人件費を十分に割り振ることが必要です。こうした措置は、理系ではすでに構造化されている場合が多いのですが、文系は予算がないため不十分で、結局全体的なパワーが落ちる一因になっています。

第三は、大学運営の実務を担うアカデミック・アドミニストレーターと教授陣を分業化し、両者の間に適切な均衡を成立させていくことです。この点で、国立大学は私立大学に絶望的な遅れをとっています。私立大学には、事務組織がかなりしっかりしていて、教授陣との均衡が成立しているところもあります。一部ではこの関係が逆転してしまい、理事長直下の事務組織が教授陣を支配しているところもあるでしょう。これはこれで大きな問題で、大学の根幹であるファカルティの独立性と自由が損なわれがちです。しかし国立大学では、逆にファカルティが組織運営上の権限を握りすぎていることが多く、事務組織は教授陣に対して「指示待ち」状態になりがちです。その結果、教授たちは、そうした組織運営上の実務がまるでファカルティとしての自分の本務であるかの錯覚に陥り、大学教授の実務官僚化が進行することになります。この過程が進行すると、大学の組織運営を担う人々と教育研究を担う教授たちの分業化はますます困難になっていきます。

5　大学は、甲殻類から脊椎動物に進化する

日本の大学を守る五つの壁

二一世紀の地球社会を生き抜こうとする大学にとって最も重要なことは、人、知識、資本のあらゆる面で流動化、ボーダーレス化が進む世界において、教育と研究の両面で高度な質を維持する組織上の仕組みを作り上げることです。近年、次々に出される文科省や中央教育審議会の「通知」や「提言」は、一言でいうなら、流動性が加速度的に増し、これまで当然と思われていた境界線が曖昧になるなかで、いかに高等教育の質を守っていくのかという関心に貫かれています。この関心は、学年、学科、学部、大学、あるいは国の壁が、二一世紀も維持し続けられると信じている人には理解できないでしょう。しかし、一九九〇年代以降のグローバル化で世界がどう変わり、今もどう変わりつつあるかを考えれば明らかなように、「壁の崩壊」はもう押しとどめることができません。グローバル化から終身雇用・年功序列型システムの崩壊まで、この流動化のうねりのなかで起きていることには連続性があり、それはやがて大学の根幹をも変化させるのです。

しかし、それでも今はまだ、企業や地域社会に比べれば、大学ははるかに強固な壁で守られています。現時点において、大学を守っている壁は五つあります。最初にして最大の壁は、「入試」です。大学に入るには、「入試」という厚い壁を越えることが絶対条件です。高校生は、この壁の向こうにどんな風景が広がっているかわからないまま、「とにかく壁を越えなさい」と言われて、高校時代の膨大な時間を投入して受験勉強をするわけです。それにより日本の高校三年生の学力は、世界的に見ても瞬間的にきわめて高くなり、それが日本の大学初年次のレベルを支えるのですが、やがて時間と共に劣化していきます。

さて、「入試」が大学に入るときの壁なら、「就活」は出て行くときの壁です。入試同様、学生たちは、壁を越えた先に何が待ち構えているのかよくわからないまま、とにかく「就活の壁」を越えて企業の正規メンバーの仲間入りをしようとします。「就活」は、今や国民的行事で、これによって大学と一般社会の関係が結ばれているのが現状です。

第三の壁は、「学部の壁」です。日本に存在するのはユニバーシティではなく、ユナイテッド・カレッジズあるいはユナイテッド・スクールズなのだと言われることがあります。比較的大規模な総合大学では、どの学部に所属するかが大学への所属以上に大きな意味を持ってしまいます。多くの大学で学部ごとに入試が別で、カリキュラムの細かい点まで別々に決められていて、全学的な教育の仕組みがなかなか発達しません。とりわけ、学生定員は学部別、学科別にかなり厳密に決められており、この枠は固く守られています。

四番目は「学年の壁」です。日本の大学は高校までと同じく学年制で、学年ごとに獲得すべき単位数が決められています。学年で分けて処理する方法は、大量生産型で効率的ですが、本来、大学の教育を学年で分ける必要はありません。目的や能力を身につけさせるために必要な科目を構造化し、そのためのカリキュラムを作ればいい。そうすれば、学年に関係なく、定められた科目を取得した学生に学位を授与できるのです。

最後に、五番目は「言語の壁」です。日本の大学では「日本語」への鎖国化が戦後を通じて進んできたのではないでしょうか。特に人文社会系では、外国語から日本語への翻訳は盛んでも逆はあまり生じませんでしたから、日本語の世界だけに閉じるような仕方で学問的言説が体系化されていったのです。その結果、知的言語世界の一種のガラパゴス化が生じていきます。世界の知の動きに通じ、かなり高いレベルの研究や議論がなされてきたにもかかわらず、海外の言語世界との双方向性は弱いままでした。

たとえば、授業の英語化や英語での発表を、日本語で精密に組み立てた議論の水準が落ちてしまうと考えて忌避する学生や大学教員がいます。それでいて彼らは海外の文献をよく引用し、翻訳書を多用するのです。たしかに日本語の世界において構築されてきた人文社会系の知は、概して深く精密なレベルに達していますが、そこにこだわり続けること自体が、行為遂行的なレベルで「言語の壁」を築き続けることなのです。実際、そのように日本語だけで精密で深い議論をされても、日本語を母語としない海外からの留学生にはさっぱりわかりません。そこまで日本語を上達せよと要求するのは、傲慢だと思います。つまりこの場合、日本語だけで議論をし続けていること自体が、日本語を母語としない学生や研究者に対して壁を築き、外部監査を阻むことになってしまうのです。

こうした状態が自明化されていくと、日本語でなされている議論の価値を、グローバルな地平で客観的に評価することは不可能です。葛西康徳《かさいやすのり》氏（東京大学教授）は、「日本の大学の学士課程は『単独峰』である。低いか、高いかは、判らない」（「Mixed Academic Jurisdiction－グローバル時代の学士課程」『創文』二〇一一年秋№3）と表現していますが、まさしくその通りです。「山脈」をなしている山であれば、どの山が高く、どの山が低いのかは一目瞭然ですが、比較対象がない「単独峰」では比べようがありません。

このような閉鎖性を変えていくためには、一定の割合の授業を誘導的に英語化し、これまで日本語の議論に入って来られなかった留学生も参加できるオープンな仕組みを作ることが必須です。精密さや深さを多少犠牲にしても、エッセンスを維持できるのであれば、英語化は価値はある試みです。もちろん、中国人留学生とは中国語で、韓国人留学生とは韓国語で、フランス人留学生とはフランス語で対話できるのなら、それも良いですが、現実的にはなかなかできることではなく、最大公約数的な言語である英語を使うのが現実的な対策です。

甲殻類から脊椎動物へ——ナメクジウオとしての大学

日本の大学を守るこれらの壁は非常に固く、あまりにも自明化しているため、大学人の多くは自分たちが壁で守られていることの弱さを自覚できていないように見えます。それゆえ、新しい変化に対応するフレキシビリティよりも、「伝統」という名の下に内部継承の論理が優先され、「学問の自由」を盾に外からの干渉に対する拒絶の正当化が行われがちです。比喩的な表現をすれば、日本の大学はエビやカニなどの甲殻類を連想させます。これは大学に限らず、日本の組織全般に言えることかもしれませんが、硬い殻で外側と内側を隔て、そうすることで柔らかく快適な内側の細胞を守っている感じです。

しかし甲殻類はどんなに進化しても甲殻類でしかなく、脅威に感じられる変化に抗してひたすら殻を硬く、厚くしても、その硬い殻がもしも壊されてしまえば、一瞬にして絶滅種となるでしょう。そうしてエビやカニならばともかく、ナメクジになってしまったのでは、到底二一世紀を生き抜けません。二一世紀のグローバル化、ボーダーレス化、流動化する世界のなかで教育研究の質を維持するには、甲殻類から脊椎動物へと新たな進化を遂げる必要があります。もちろん、実際の生物種がそのような進化を遂げることはあり得ませんから、これはあくまで比喩です。社会組織についての比喩ならば、甲殻類が脊椎動物に進化する革命的な系統樹を想像してみてもいいのではないでしょうか。進化の道筋としてより高度な種に達するために、硬い殻で身を守る動物から、そのような殻を内側から壊していって、縦の骨と横の骨を持つような脊椎動物へと進化すべきです。

もう少し比喩を重ねるなら、ナメクジウオという生物種があります。ナメクジウオには背骨はないのですが、これが軟体動物のナメクジと決定的に異なるのは、ちょうど背骨のように頭から尾まで体を支える組織が通っていることです。これを、「脊索《せきさく》」と呼ぶそうです。この脊索は、脊椎動物でも個体発生の初期に出てくるものですが、やがて消えます。しかしナメクジウオの場合、脊索を終生持ちます。このように脊索を持つ生物は、ナメクジウオの他に酒の肴で時々出てくるホヤがあります。そしてこの脊索動物は、ちょうど甲殻類を含む軟体動物の一部が脊椎動物に進化する途上にあった種だと考えられてきました。実際、二〇〇八年のことですが、このナメクジウオについての完全なゲノム解読が日米英などの研究チームによって行われ、ナメクジウオとヒトの間にはきわめて大きな遺伝子の並びの類似があることが確認されたのです。つまり人類の、そしてすべての脊椎動物の祖先が、この脊索動物のナメクジウオであることがほぼ証明されたのです。

したがって、比喩を援用して述べるなら、私たちの問いは、二一世紀の地球社会で「ナメクジウオとしての大学」をいかに構想するかという問いです。エビやカニに比べれば、ナメクジウオは退化した形態のように見えます。しかし、たった一本の脊索が体を貫いていることにより、これがやがて脊椎に進化し、ついには人間が生まれてくるのです。一度はエビやカニに進化した状態を、その殻を壊して軟体動物に戻し、さらに脊索動物に転換していくのですから混乱が生じるのは必至です。しかし、殻で中身を守るのではなく、脊椎を通すことで、外との境界がより自由に変化していくことが可能になり、魚類、両生類、爬虫類《はちゅうるい》、鳥類、哺乳類というように、環境の変化に応じて実に多様な種が生まれてくることになったのです。これらはすべて、殻で身を守る方向ではなく、背骨で身を支える方向への大転換を行った結果でした。

6　二一世紀の宮本武蔵へ

宮本武蔵の二刀流を大学に導入する

甲殻類から軟体動物へ、そしてナメクジウオのような脊索動物を経てやがて脊椎動物へと進化していく大学では、二つの背骨の形成が必要です。一つは「横の背骨（横骨）」、もう一つは「縦の背骨（縦骨）」です。この二つの軸となる骨は、甲殻類としての大学を守っている五つの殻＝壁に孔《あな》を開け、そこに新しい神経系を通していきます。「学部の壁」や「言語の壁」に孔を開けて新しい神経系を通すのが横の骨です。これに対し、縦の骨は、「入試」「学年」「就活」という三つの壁に孔を開けて新しい神経系を通します。「縦骨」は次章のテーマとし、この章の残りの部分では、「横骨」について考えていきたいと思います。

さて、「学部の壁」のところで述べたように、日本の大学ではどの学部や学科に属すかが重視されます。それぞれの学生は、専門分化した特定の分野の学科や研究室に属し、その分野の知を深く学ぶために単線的なカリキュラムをこなします。もちろん、大学生になって最初の二年間は、一般教育科目が一定数あるのが普通ですから分野横断的な科目も学生は学びます。しかし、そのような教養的な科目と専門科目がどんな構造的な関係をなすのかは曖昧なことが多く、結果として一般教養は一般教養、専門知識は専門知識という使い分け的な学びになってしまいがちです。つまり、それぞれの専門分野を有機的につなぐような仕方で横骨が通っているわけではなく、それらの分野の分布する領域の外側に、一般的な教養科目が外部領域として置かれているのです。

これに対し、横骨の通ったカリキュラム構造を実現するには、専門科目と一般教育科目が並置されている仕組みではなく、もっと立体的に大学の学びに深さと広さを持たせていく必要があります。というのも、複雑で流動的な世界では、単に一般教養というのではなく、理系の専門知の特性に結びつけて文系的な知を取り入れる仕組みや、文系的な専門知と関連して理系的な知を取り入れる仕組みを整えて、横断的専門人の様々なタイプ（文系重点型、理系重点型、学際横断型）を育成していく必要があるからです。

まさにここに登場するのが、宮本武蔵の二刀流です。宮本武蔵は江戸時代初期の剣豪ですが、巷《ちまた》に流布している話の多くは後世の創作で、彼が本当に二刀流で戦ったかどうか定かではありません。しかし、宮本武蔵と二刀流のイメージは、私たちのなかでは一体化しています。彼の作とされる『五輪書』には、「一本の長太刀は、接近戦に不向きで、狭い場所では不利となり、何より長い得物に頼ろうとする心がよくない」と書かれているそうです。最後の「長い得物に頼ろうとする心がよくない」とは、なかなか良く言ったものです。変化する状況では、一本の長い刀よりも長短二本の刀で戦うほうがいかなる相手にもフレキシブルに対応できる、ということだと思いますが、これは現代の複雑化し、流動化した社会にも応用可能です。

大学の学問も、閉じられた専門の知識を単線的に学ぶ一刀流の時代から、メジャー・マイナーやダブル・メジャーといった仕組みで二刀流、つまり異分野の専門知を複線的に組み合わせる時代に変化してきています。つまり、複雑化・流動化している現代社会に対応するには、学問を組み合わせで学ぶ価値が高まっているということです。

たとえば今、仮に二〇の専門分野があるとして、学生がどれか一つの分野だけを選ぶのなら、学びのパターンは二〇しか生まれません。しかし、もしもこれがダブル・メジャー、つまり二つの専門分野を組み合わせる仕組みなら、学びのパターンは20×(20－1)÷2＝190となり、一九〇種類の学びのパターンが生まれるのです。もしも、メジャー・マイナー制で、どの専門もメジャー・カリキュラムとマイナー・カリキュラムを用意するなら、最後に2で割る必要がなくなりますから、学びのパターンは三八〇種類です。たった二〇の専門分野でも、学びのパターンには実に多様な可能性が開かれるのです。

もちろん、それらの組み合わせにはあまり有効ではないものもあるでしょうが、たとえば「情報科学」（工学）と「知的財産法」（法学）というのは面白い組み合わせです。つまり、コンピュータ・ネットワークやデジタル技術に長《た》け、かつ知財の法的処理がプロフェッショナルにできる若手は、どの企業にも嘱望される人材となるでしょう。あるいは、「環境科学」（工学）とアジアの「地域研究」（社会科学）も、グローバル企業や国際機関にはぴったりです。概していえば、非常に実学的な知と哲学的、思想的な知の組み合わせは有効です。第二章でも詳論したように、人文社会系の知は長く役に立ちますし、そのような有用性は、この二刀流の仕組みでは実学的、工学的な短く役に立つ知と組み合わされることにより存分に発揮されるのです。とりわけ「哲学」は、マイナー科目としては黄金カードだと思います。単独では潰しが効かず敬遠する人もいるでしょうが、工学と哲学、医学と哲学、経営学と哲学、コンピュータ・サイエンスと哲学、すべて有効です。文学部哲学科は、二刀流の仕組みでは、第二に選択される学科として大人気になるでしょう。

米国の「常識」とICUの教育改革

こうした宮本武蔵の「二刀流主義」は、実は海を越えた米国ではごく当たり前の仕組みです。

米国の大学で最も多いのは、メジャー（主専攻）とマイナー（副専攻）を組み合せるもので、さらに異なる主専攻を同時に履修するダブル・メジャー（二重専攻）制もあります。たとえば、アイビーリーグの一つであるブラウン大学には学部定員が存在せず、学生は入学直後から専攻科目を履修できるといいます。この大学の卒業要件単位に占める専攻科目は三分の一以下で、残りの三分の二は専攻科目以外のものを取得します。このような仕組みであれば、メジャー・マイナーもダブル・メジャーも、どちらの二刀流も可能です。

そして日本でも、米国のシステムの優れたところを取り入れ、本格的に二刀流主義を実施している大学が、トップクラスでも少なくとも一つあります。それは、ＩＣＵ（国際基督教大学）です。ＩＣＵは、教養学部のみの単一学部の大学ですが、以前はその教養学部が人文科学科、社会科学科、理学科、語学科、教育学科、国際関係学科の六学科に分かれていました。ところが、二〇〇八年に大規模な教育改革を実施し、この六学科は廃止され、代わりに三一系統のメジャーないしはマイナーとして選択されるプログラムが設置されたのです。学生たちは、経済学、社会学、政治学、生物学といった伝統的専門分野型から、ジェンダー・スタディーズ、グローバル・スタディーズ、カルチュラル・スタディーズといった現代知までを自由に組み合わせ、自分に合ったカリキュラムを作ることができます。

当然、科目の組み合わせは四〇〇種以上となり、学修ポートフォリオという、学生それぞれの学びのカルテを作り、履修したプログラム科目の内容、成績、授業態度等をコンピュータで記録・管理することになります。ＩＣＵでは、教師と学生の対話を重視したアクティブ・ラーニングが実施されていますが、その際、この学修ポートフォリオに基づき、個々人に対応した教育プログラムを組み、指導が進められているそうです。

ＩＣＵと同様、それほど規模が大きくなく、学生の知的水準が比較的高い大学では、学長や理事会が一丸となって教育改革に取り組めば、革新的なチャレンジができる可能性は広がっています。ＩＣＵ方式で学部、学科のタテ割りを廃止し、メジャー・マイナー制やダブル・メジャー制を導入するのが一つの方法です。しかし、もう一方で可能なのは、そうした複線的構造を、大学を越えて実現していくことです。つまり、共通の科目ナンバリングやカリキュラムのチューニング、複数大学間でのプログラムレベルの単位互換システムを実現していくことにより、広域的に各大学の強み・特色を生かした複線的な教育体制を実現するのです。ここでいうチューニングとは、複数大学間で教育環境や科目の内容、評価方法、学修支援、得られる能力等について互換性を拡大させていく手続きを指し、ＥＵのボローニャ・プロセスを通じてヨーロッパの大学に発達してきました。この広域連携は、国際標準で連携基盤を作れば、それをそのまま海外に拡張できますから、海外大学への留学や海外サマープログラムの学部教育への組み込みを大胆に実現できます。

国立大学の挑戦と困難

しかし、規模がより大きい総合大学では、ＩＣＵのような二刀流主義も、広域連携型の複線システムも簡単には実現しません。そうしたなかで、九州大学の基幹教育院についての取り組みは注目に値します。すでに述べたように、一九九〇年代の大学設置基準の大綱化は、総合大学における一般教育の崩壊というネガティブな結果をもたらしました。これに危機感を募らせた諸大学は、二〇〇〇年代に入ると新たな仕方で全学的な「広い学び」のプログラムをいかにして再構築するかという課題に取り組んでいきます。そうして九州大学は、専門諸学部に離散してしまった旧教養部の教員ポストを再び結集させ、基幹教育院という新しい全学教育のための組織を設立したのです。そして、この基幹教育院が全学を取りまとめる仕方で、全学を横断する「基幹教育（Core Education）科目」が組織されていくことになりました。

基礎力のある大規模総合大学が、こうした全学的な教育プログラムを展開する基盤組織の設置に成功すると、その先で様々な先進的な取り組みが可能になります。たとえば、その組織を基盤にして、グローバルでアクチュアルな課題に照準した副専攻的プログラムを実質化できます。そのようなプログラムは、ちょうど既存ディシプリンによる学部・学科編成とはタテ・ヨコで交わる文字通りの「横骨」になっていくでしょう。また、そうした「横骨」と既存の学部・学科の科目の間に調整・連携の体制を築いていくことも可能になります。そしてその先では、実質的に前述した宮本武蔵の二刀流、つまりメジャー・マイナー制を実施したのと同じような教育上の効果が生まれる仕組みが形成され、そうした新しい教育システムの可能性を学内外に認知させていくことができるのです。ただし、九州大学のように二刀流に向けての着実な歩みを進めるためには、学長を中心とした大学トップの透徹したビジョンと危機意識に基づく学部・研究科の協力が不可欠です。

九州大学以外にも、全国の総合大学で同様の動きがありますが、そうしたなかで、東京大学はおそらく最も転換が難しい大学の一つです。この困難さは、そう簡単に解消する見込みもなく、絶望はしていませんが、楽観はできません。本当は、ICUのような仕組みは、東大生のように数学、英語、国語から理科、社会まで多くの受験科目でハイレベルの得点をしてきた学生には適しています。彼らは概して、マルチに学びを深める力を持っているのですが、東大に入ってからはその知的能力を持て余し気味です。というのも、駒場キャンパスで過ごす前期課程の「一般教養」と、主に本郷キャンパスで過ごす後期課程の「専門」が構造的に結びついておらず、専門指向の学生には一般教養が無駄に思え、教養指向の学生には専門の枠が狭すぎると感じさせる結果になっているからです。全体の学びを単線的構造から複線的構造に転換できれば、本来、マルチな潜在力を持っている東大生は能力をこれまで以上に発揮できるようになるはずですが、その前に横たわる壁は大きく、困難です。

7　宮本武蔵を育成する現場――授業改革

粗製濫造の授業を変える

本章を終えるに当たり、最後に二一世紀の宮本武蔵が育成される現場、すなわち教室での授業に触れておきます。よく、日本の大学生は世界一勉強しないと言われ、この批判はかなり当たっているのですが、そうなった責任は、学生よりも日本の大学教育の仕組みにあります。日本の大学の科目数や履修単位は非常に細分化されていて、学生は多くの科目を履修します。しかも、それぞれの科目がどのような体系のなかでどう位置づけられているのかがはっきりしません。これだけ科目数が多いと、学生はそれぞれの授業で自分が何を学んだのかよくわからなくなるでしょう。大学での学びが高校までの勉強と質的に異なることが認識されておらず、細かい時間割に学生を縛りつけ続けています。

他方、日本の大学では一つひとつの科目の負荷が海外に比べて軽く、簡単に単位を取得できてしまいます。事前の予習や事後の復習は推奨されますが、忙しいのでせずに済ませても、だいたいは単位を取得できます。場合によっては、授業にあまり出席していなくても良い成績をつけてくれる「ホトケ」の先生もいるかもしれません。近年では、成績評価の標準化が進んできたので、この種の教員は減少したと思いますが、誰がそうした「ホトケ」であるかの情報は学生たちの間にすぐに流れます。授業内容と関係なく、そうした先生の授業は学生で溢《あふ》れます。この体制が続く限り、学生が単位取得に必要最小限の労力しかかけないのは合理的です。こうした成績管理の甘さは、近年はかなり是正されたと思いますが、それでも厳しい成績管理を行う欧米の大学とは差があります。結果として、日本の大学の成績は、国際的にもあまり信頼されないことになってしまうのです。

以上でも示されるように、日本の大学で行われている授業は粗製濫造です。それぞれの教員が個人商店的に開いており、内容は千差万別。そのように品質にばらつきがある授業を、一週間にたった九〇分前後、数ヵ月にわたり受けても、何かを学んだという充足感を得ることは困難です。このようなやり方ではなく、授業相互の関係を構造化し、カリキュラム全体の質を高め、粗製濫造品を手塩にかけた精密な工芸品にバージョンアップさせていく必要があります。それには学生による授業評価も大切です。大学教員は、各自の専門分野ではエキスパートですが、カリキュラムの全体構造を理解しているわけでも、授業の仕方について基礎的なトレーニングができているわけでもありません。それぞれのテーマについて教室で学生たちに教えていく個々の教師と、そのような授業全体をマネジメントする者は、そもそも別次元の視点に立つべきなのです。それにはカリキュラム構造の可視化も必要でしょう。開講されている科目を開かれた形で可視化していくことが求められるのです。学部や学科の枠を越えたシラバスを統一し、その公開や科目間の関係の可視化を行っていくのです。学生は、自分が学びたいテーマにはどのような科目があるかを理解した上で、科目選択ができるようになります。

こうした構造化以上に重要なのは、科目編成を少数精鋭にし、学生が履修する科目数を減らすことです。一週間あたりの一科目の標準時間数を現在の数倍に増やし、各科目の単位数も増やします。逆に、学生が履修する全体の科目数を今よりも大幅に減らします。つまり、質の高い科目を厳選して重点的に学べる仕組みに変えていくのです。その結果、学生は履修する科目にこれまで以上に集中することを求められ、成績評価も厳格に行われるようにならなければなりません。

全体としての教師の負担は軽くなりますが、それぞれの授業についての教師の責任は重くなります。それに、現在のような多数の科目が林立する状態では、それぞれにＴＡなどの支援スタッフを配置することは不可能ですが、科目数を大幅に絞ることで、支援スタッフの充実も可能になるでしょう。何よりも、一つの科目で学生一人ひとりが深く広い学びができるようにしなければなりません。

こうした支援スタッフの充実は、アクティブ・ラーニングやチーム・ティーチングを実現するためには不可欠です。一週間に一科目の時間数が一八〇分あるとしたら、そのすべてを講義にあてるのは非効率です。講義は六〇分、そして残りの一二〇分は、ディスカッションや実習的なフィールドワークに費やし、学生たちの学びをより深いものにすべきだと思います。これまでのような一方的な講義形式はマスメディア型であり、教授が持つ知識を大勢の学生にばらまく構造でしたが、ネット社会では全員参加型の仕組みが大学にも求められ、学生たちの主体的・能動的な学びの占める割合が高くなっていきます。

大学教育はどこへ向かうか？

おそらく、日本の大学改革に何よりも必要なのは、大学そのものの再定義です。急激な拡大の結果、八〇〇校近くにまで乱立した大学は、定員割れ、質の劣化、魅力喪失という悪循環に見舞われ、今や斜陽産業となりつつあります。二〇一〇年以降、学生募集を停止する大学が相次いでいますが、単なる組織維持のためにコマーシャリズム優先で中身を伴わない学部ばかりを作ってきたような大学は、これから真っ先に淘汰《とうた》されていくことになるでしょう。真に生き残りを図るのであれば、急場しのぎの延命策を繰り返すのではなく、大学教育の再定義が必要です。それには、大学をそのなかだけで閉じられたものとして正当化するのではなく、その存在を広く長く社会のなかに置き直して、それが持ち得る位置を新たに考える必要があります。そのとき、大学が甲殻類的な殻の世界から脱し、「横骨」と「縦骨」を持った脊椎動物になっていくことが再定義の柱となるでしょう。

大学の再定義が必要なのは、大学に行くことの価値自体が問われているからです。少子化及び大学の乱立により、大学は誰にでも入れるところになりました。また、インターネット社会は、知識に対するアクセスを劇的に安易なものとし、「ネットを見ればなんでもわかる」という認識が一般化しつつあります。そのような時代、大学で学ぶことが社会や実生活でどのような意味を持つのかという疑問が高まっているわけです。

かつてフンボルトが「教育と研究の一致」を掲げて大学を再構築した一九世紀は国民国家の時代であり、それ以来、大学は国民国家によって様々に支えられてきました。しかし、国民国家が退潮していく現代、大学を支える国の力は弱まっています。そのような流れのなかで、大学は社会と関係をいかに結び直し、その社会のなかでいかなる価値を持つのかを示さなくてはなりません。もはや「教育と研究」だけで大学がその価値を証明するのは難しい時代であり、社会的実践という第三の要素が重要になってきているのです。

その意味で、二一世紀の大学は、キャンパスに閉じられた存在のままではいられません。街のなか、博物館や美術館、図書館や劇場などの文化施設、企業の工場、デザインハウス、山間僻地や災害被災地、そして連携する海外大学のキャンパスへ、大学の活動の場は広がっています。その結果、これまで大学キャンパス内で守られてきた閉鎖的なアカデミズムの慣習は、市井の人々の日常の実践活動や企業の経済活動、地域の町おこしの現場、さらには海外の大学などの多言語的な場のなかで相対化されていくはずです。

高度に情報化し、ネットワーク化した現代の知識基盤型社会において、過去から蓄積されてきた膨大な知的資源を、大学は広く開かれた社会の「キャンパス」における課題発見・解決に向けた教育活動に結びつけていく。そんな大学へと変革できるのであれば、「大学に行くことに何の意味があるのか」と問われることはなくなるはずです。

第四章　人生で三回、大学に入る

1　大学は、人生の通過儀礼か？

高校と大学の間に存在する二つの壁

前章で、大学の危機を乗り越えていくためには、大学や学部が殻で身を守る甲殻類から、縦と横の骨＝脊椎で組織がつながれていく脊椎動物へ進化しなければならない、ということを述べました。前章で論じた「横骨」は分野的、空間的な「骨」で、文理の枠を越えて異なる学問分野をつなぐことによって新たな価値創造を目指すのもその一つです。これに対し、この章で議論していく「縦骨」は、キャリア的、時間的な「骨」で、高校から社会人までの連続的な学びの経路をどう構築していくかということと関係しています。

さて、大学を覆う五つの壁のうち、「学部の壁」「言語の壁」に孔を開けて通すのが「横骨」だとしたら、「縦骨」は「入試の壁」「学年の壁」「就活の壁」を貫くものです。

まず「入試の壁」にどう孔を穿《うが》つことができるかを考えてみましょう。この孔は、もちろん高校と大学を接続する仕組みに関係しています。ところがここで、高大間には二つの壁があることに注意したいと思います。もちろん一つは入試の壁ですが、もう一つの壁として教科の壁、つまりカリキュラム・ギャップと言われるものがあります。この二つの壁が、高大間の風通しを悪くしているのです。教科の壁とは、要するに、高校と大学の学びの構成が大きく異なることです。高校の主要五教科は「数学」「国語」「外国語（主に英語）」「理科（物理、化学、生物、地学）」「社会（歴史、地理、公民）」です。これに対して大学で学ぶのは、「工学」「医学」「農学」「法学」「経済学」といった応用的な知が中心です。

こうした応用的な知に対応する学びは、高校にはありません。理学部（数理学科、物理学科など）や文学部（国語学科、英文学科、歴史学科など）のような、高校で学ぶ教科とつながる学部もありますが、人数的に多いのは、むしろ高校では学んだことのないような応用的な学問です。高校生は大学に入って初めて応用的な知に接し、「工学とは」「医学とは」「法学とは」「経済学とは」というように初歩的なことから学ばなければならないのです。

大学の知は、構造的にも高校の知と異なります。高校では基礎知識を学び、問いに対して正解を導き出す能力を身につけることを求められるのに対し、大学が学生に要求するのは、既存の知識を内在的に批判し創造的な問いを導き出す「問題発見の知」です。答えがわかっていることは教科書を見ればいいわけで、それは大学で学ぶことの中核ではありません。もしかしたら教科書に書いてある内容が間違っているかもしれないという問いを立て、その問いを深化させていくことが、大学で行う「学習・研究」なのです。

事象を深く考え、批判し、課題を発見し、さらには未解決の問いを見つけていく力を育むことを目的とする大学の学びは、基礎的学力を身につけ、答えを出すことを求める高校の学びとは非連続です。両者の間には断層があり、高校時代の秀才が、大学で学問的に成功するとは限らないのです。ざっくり言えば、中学高校で要求される優秀さは、確実な記憶力や思考の緻密さ、地道な努力など「失敗をしない能力」ですが、大学では、そうした基礎に立ちつつも、むしろ「失敗をする能力」が求められます。失敗を怖れずに自分の意見を主張する、失敗を怖れずに問いを立てて実験する、失敗を怖れずに調査やインタビューの交渉をする――。これらはすべて、大学で必ず要求されてくる知的活動です。間違いないことだけをしている人は、受験には受かるでしょうが、大学では伸びません。しかし、間違いがとても多い人は、大学で伸びる可能性はありますが、おそらく受験には受からないでしょう。本当に必要なのは、この両方の能力をうまく接続できることです。

入試改革とカリキュラム・ギャップの関係

この接続のためには、入試という壁を越えた向こう側ではどのようなことを要求されるのかを、もっと高校生に理解しておいてもらう必要があります。具体的には、大学が有する教育リソース（電子化教材、ネット環境、学習者中心型・討論型の授業ツール）と高校が協働し、高校生が最先端の学問知を早期に獲得できる環境を実現すべきでしょう。高校のなかでも、大学で学ぶような応用的な知を教える場を作り、その分野の専門知識を持つ学部や大学院出身の若手人材を配する取り組みもしていくべきでしょう。

しかし実際には、高校二年生の終わりごろから、高校生にとっては授業で学ぶ内容よりも大手予備校の模試で判定される偏差値のほうが重要となり、カリキュラム・ギャップの問題は意識の外に置かれてしまいます。多くの場合、高校生活最後の一年間は、「入試」という目前の壁を越えることに集中せざるを得ません。ですから、真に高校と大学をつなぐためには、カリキュラム・ギャップ解消と共に入試改革も必要になってきます。

入試は、生徒の知的な能力を、「試験問題」で測って数直線上に並べ、振り分ける作業です。偏差値として明確に数値化されるこの能力は、その人の記憶力や知的思考力、知識の量とはある程度相関しますが、その人が何に向いているか、どんなポテンシャルを持っているかを示すわけではありません。したがって、それぞれの受験生が、入試を通じて自分の適性に合った学部に入学し、大学での学びを通してその能力を伸ばすとは限らないわけです。

これを補正する一つの方法は、入学後に大学で学ぶカリキュラムを複線化することですが、もう一方で、高校の授業やカリキュラムのなかに、できるだけ多く大学での学びへの導入部を挿入していくという方法もあります。これは、高校生が大学に来るのであっても、大学の先生が高校に行くのであっても、どちらでもいいわけです。様々な機会を捉えながら、高校の学びのなかに大学の学びとの接続点を入れていくことが必要で、そうした取り組みは近年、急速に盛んになりつつあります。

他方、最近では大学入試の方式が随分と変化してきており、AO（アドミッション・オフィス）方式や自己推薦など、筆記試験だけではない方法で入学者を選ぼうとする大学が増えています。しかし、高校と大学の接続についての基本構造には手をつけず、選抜方法だけを変化させることには限界があります。なぜなら、入試方法を工夫するだけでは、必ずやその方法で高得点を得るノウハウを教える受験塾が現われ、ハウツー的な勉強に重点が置かれてしまうからです。そのような勉強は、いくらやっても大学が本来求める学びの質につながらないのです。この袋小路を突破するには、高校の学びと大学の学びを、学生の選抜と学びの中身の両面において、同時に連続的にしていく必要があります。

つまり、一方では、一発勝負に近い筆記試験ではなく、高校の学修成果が大学受験の合否に適正に接続していくような仕組みが必要です。他方、その高校での学びのなかで、今までは大学から始まっていたような、自ら問いを発見し、深めていくカリキュラムを充実させる必要があります。そうやって、高校と大学の間の壁に、選抜方法と学習カリキュラムの両面から風穴を開け、学びの連続性を作り出していくことが必要なのです。

2　人生のなかに、大学を位置づける

入口が最も難しい大学が最良の大学ではない

大学の質を維持していくには、入学者を厳しく選抜する入口管理の方法と、卒業生を段階的に絞り込んでいく出口管理の方法の二つがあります。日本や中国、韓国といった東アジアの大学は基本的に入口管理で、入試の壁が非常に高く、強固です。これに対して欧米の大学は、基本的には出口管理です。入学は専門のアドミッション・オフィスが許可を出していきますが、東アジアの諸大学のように一発勝負の入学試験ですべてが決まるようなことはありません。し

かし卒業に関しては、日本の大学よりはるかに厳しい審査を越えていかなくてはなりません。日本の大学は明治期から、そして特に戦後、欧米型の教育制度を多く取り入れてきましたが、出口管理の仕組みは発達しませんでした。

一方で、出口管理の問題点は、歩留りの悪さ、つまり入学はしても途中で脱落し、卒業できない学生が相当の割合で出現することです。他方、入口管理の問題点は、社会は大学を入試の難しさで判断するため、その大学がどのように学生を教育し、学生は何をいかに学んでどう成長したかという入学後の学びが軽視されがちになることです。実際、日本の大学の社会的に通念化している「序列」は、この入口の難しさに対応しています。もう何十年もの間、総合的には一貫して東大がトップであり、京大がこれに続く。入口の偏差値的な難しさの序列がほぼそのまま大学の序列であるかのように考えられがちです。

しかし、入学するのが最も難しい大学が最も良い大学とは限りませんし、入学した学生に良い人生が開かれる大学とも限りません。たとえば、『週刊ダイヤモンド』（二〇一五年一一月七日号）が「最強の大学ランキング」という興味深い特集をしていました。この特集では、研究のみならず教育、就職などの視点から日本国内の大学についての実績を計算し、順位づけをしています。その結果、「グローバル教育力」では、一位から五位までは、国際教養大（秋田）、宮崎国際大（宮崎）、立命館アジア太平洋大（大分）、ＩＣＵ（国際基督教大、東京）、会津大（福島）と続き、地方勢が上位を独占しています。東京の大学で高く評価されたのはＩＣＵくらいで、国立大学では、東京工業大が七位、東京外国語大が八位、長岡技術科学大が一〇位、東北大が一一位、一橋大が一二位とぎりぎり上位層で、東京大学はなんと二四位、京都大学の一八位よりもさらに下のランクです。「グローバル企業就職力」でも、一位から五位までは、東京工業大、国際教養大、一橋大、慶應義塾大、大阪大と並びます。これは、「グローバル」というバイアスのかかった評価ではありますが、教育力でも就職力でも、東大、京大は決して上位校ではないのです。

私たちは大学の水準を、つい入試の難しさ、つまり入口を突破した合格者の偏差値で評価してしまいますが、大学の本当の価値は、その大学が入学した学生をどれだけ教育できているか、また卒業した学生たちがどれほど社会で活躍できているかにあるはずです。そのような観点から日本の大学を見直してみたとき、私たちが当たり前のように考えてきた東大・京大を頂点とするピラミッドのイメージは、すでに過去のものとなり始めているのかもしれません。少なくとも多くの私たちの頭のなかに固定観念としてある国内大学のピラミッドが、あくまで入試の偏差値についての評価に基づくものでしかなく、大学での学びの充実度や卒業後の人生についての評価ではないことを確認し、固定観念を疑い始めてみる価値はあると思います。

入口管理から出口管理への移行は可能か？

大学の教育を実質のあるものにし、またそれが大学の人材育成力として持続的に強化されていくようにするには、入学から卒業までの仕組みを、入口管理から出口管理に転換してしまうのが最も効果的です。しかし、この転換を本気で実現するには、少なくとも上位校が足並みを揃《そろ》えて一斉にやるのでなければ不可能です。なぜならば、もし上位校でも一校だけが出口管理に移行したら、その大学は「なかなか卒業できない大学」として知られるようになり、受験生が忌避して大学の水準が下がってしまいます。

あるいは、東大や京大のようなトップ校が出口管理への移行を決め、入学のハードルを低くするなら、受験生が殺到して本来の入学定員を大幅にオーバーして入学者を受け入れなければならなくなります。その場合、当然、その受験生のかなりの部分は、それまで準トップ校に入っていた層でしょうから、準トップ校から猛烈な反発を受けます。また、準トップ校も同様の措置をしていくと、偏差値的に中堅以下の大学は、募集定員が集まらず、たちまち経営危機となる可能性があります。約七八〇校まで増えてしまった大学全体が、こうした動きを簡単に認めるはずがありません。ただ、上位校がまとまって、少しずつ出口管理を厳しくしていき、それによる質保証を明確に外にアピールしていくことは可能です。上位校が同時にそうした動きをすれば、中堅の大学もそれに従うことになるでしょう。事実、昨今は、欧米の大学が留学生や卒業生の受け入れに当たりそうした質保証を要求してきますから、大学全体は成績評価を厳格化し、GPAも出す方向に向かっています。

入口管理に依存する日本の状況とは異なり、欧米の上位大学では、入学では多様な学生を受け入れ、その後、各科目の成績や卒業は厳正に管理していきます。つまり、入口管理ではなく出口管理です。欧米の大学は基本的にAO方式で、筆記試験は行わず、高校の成績や内申書、推薦状、統一テストなどを基準に受験生を選抜します。

私自身、大学院の英語プログラムではもう一〇年近くこの方式で入学審査をやってきましたが、その経験を踏まえていうと、書類審査による選抜は、選考する側が経験を積み、しかもGRE（Graduate Record Examinations　北米の大学院への出願時にスコア提出が求められる試験）やGPAの成績が信頼できるなら、一回の試験で合否を決めるやり方よりも信頼度が高く、優秀な人材を選ぶことができます。書類だけで本当に大丈夫なのかと日本人一般の「常識」からすれば心配かもしれませんが、実は一回の筆記試験の結果よりも、適正に行われてきた諸審査の評価のほうが信頼できるのです。ただし、その大前提は、それらの過去の評価が適正に行われていることです。今日、世界的には、各機関が送り出す人材について責任をもって適正に評価し、機関を越えてその結果を信頼しあうシステムが広がりつつあります。ところが日本では、今も他機関の評価を信用せず、それぞれで一回勝負の入試を実施しています。こうした非効率で画一的な入口管理が一般的なので、私立上位校は、学部別に異なる試験日を設けるなどの方法によって、毎年、懐に多額の受験料が入るのです。これは、受験生のためというよりも、私立大学の既得権益を守るシステムです。

人生のなかで、大学を位置づけ直す

高等教育の未来形に向けて高校と大学を結び直すには、カリキュラム・ギャップを埋めながら、「入試の壁」に風穴を穿っていくことが不可欠ですが、そうして彼らが大学に入学したあとに見えてくる「学年の壁」や「就活の壁」に風穴を穿つには、大学と社会とのつながりを結び直していくビジョンが必要です。つまり、一人ひとりの学生が大学で過ごす四年間を、本人の人生のなかにどう位置づくようにしていくのか——この位置づけを、これまでの日本人一般の「常識」から転換させていく必要があるのです。

というのも、今でも多くの人が、大学生活の四年間を「入試」と「就活」に挟まれたモラトリアム、一種の通過儀礼のような時間と見なしています。日本の若者たちが大学に期待するのは、学問云々よりも、その大学を卒業することが就職に有利に働くことと、思い出深い経験を積むことかもしれません。たしかに、もしも大学が、高校を卒業し、社会人になっていく中間にある通過儀礼的な時間にすぎないのなら、その通過儀礼に期待されるのは、一定の基礎学力がある若者を選抜し、思い出深い人生経験をさせることです。そうであれば、大学での学びの中身や成果が本気で問われることはありません。

しかも、すでに述べたように、戦前の旧制高校で行われていた教養教育の大部分は、戦後は新制大学の一般教育科目に変化したのですが、他方でその旧制高校の教養教育の一部が新制高校のほうにも残ったわけではありませんでした。つまりこれは、「高校」がいわば「中学」化し、中学と高校の連続性は大きくなったけれども、逆に「高校」と「大学」は非連続になったということです。人口増が続き、基礎力を備えた大量の同質的な若者を作ることが最優先であった時代には、それも仕方がなかったのかもしれません。その場合、「中学→高校→受験」というのが一直線に結ばれ、「大卒人材」の知的能力の骨格を作りました。そして大学は、大学受験までの基礎力育成期と彼らが実際に社会で働くようになるまでの中間で、自由に青春を謳《おう》歌《か》すべき時間として位置づけられました。

たしかに戦後日本において、一九六〇年代から八〇年代まで、大学の人文社会知の学びは比較的高い水準に達していたと思いますが、そのような水準の維持は、「豊かな時代」において、大卒の若者たちが学生時代に遊んでいてもどこかの企業には就職できたであろう幸せな時代を背景にしていたのです。

もちろん、教師面をして、大学は本来、そのようなモラトリアムのために存在するのではなく、事象を深く考え、批判し、課題の発見や解決に向かう力を育む場所なのだと言ってみることはできます。しかし、この種の「正論」にすぐ反応するのは、大学生のなかでも特別に真面目な一部にすぎないでしょう。むしろ、「総論はそうかもしれないけれども、私にとっては『就活』が第一、『サークル』が第二です」と、多くの学生は答えるでしょう。ですから、大学での「学びの価値」についての諸々の正論は、そのような「価値」を、それぞれの学生の今後の人生のビジョンのなかに説得的に位置づけられなければ無力です。ここでもまた、大学での学びが「いったい何の役に立つのか」を、人類や社会に対して以上に、それぞれの学生の人生において示していかねばならないのです。

そして、第二章の繰り返しになりますが、医学や法学（法律分野）、工学や経営学では、職業との結びつきが強いのでこの説明はつけやすいのですが、法学・経営学以外の人文社会科学やリベラルアーツ分野にとっては、この問いは難問です。

3　人生の転轍《てんてつ》機としての大学

異常なほど同質的な日本の大学生の年齢構成

単に法学や医学、経営学、工学といった専門性と実用性が明瞭で、そこで学んだことが人生のキャリアと直結している分野だけでなく、人文学や社会科学、リベラルアーツのような、直接的には実用的とは言えない分野まで含め、大学での学びが、そこで学ぼうとする人々の人生のビジョンのなかに位置づけられていくようにするには、大学を「入試」と「就活」の間に挟まれたモラトリアム的期間の位置から解き放つ必要があります。

日本ではこれまで、大学は、基本的には高校を卒業して間もない者が入るところで、年長者の入学は、概して「社会人枠」に限定されてきました。結果的に、日本の大学で二五歳以上の入学者は国際的にみて極度に低い率にとどまります。OECDの二〇一一年のデータ等に基づ

図4　25歳以上の学士課程入学者の割合の国際比較（2011年）

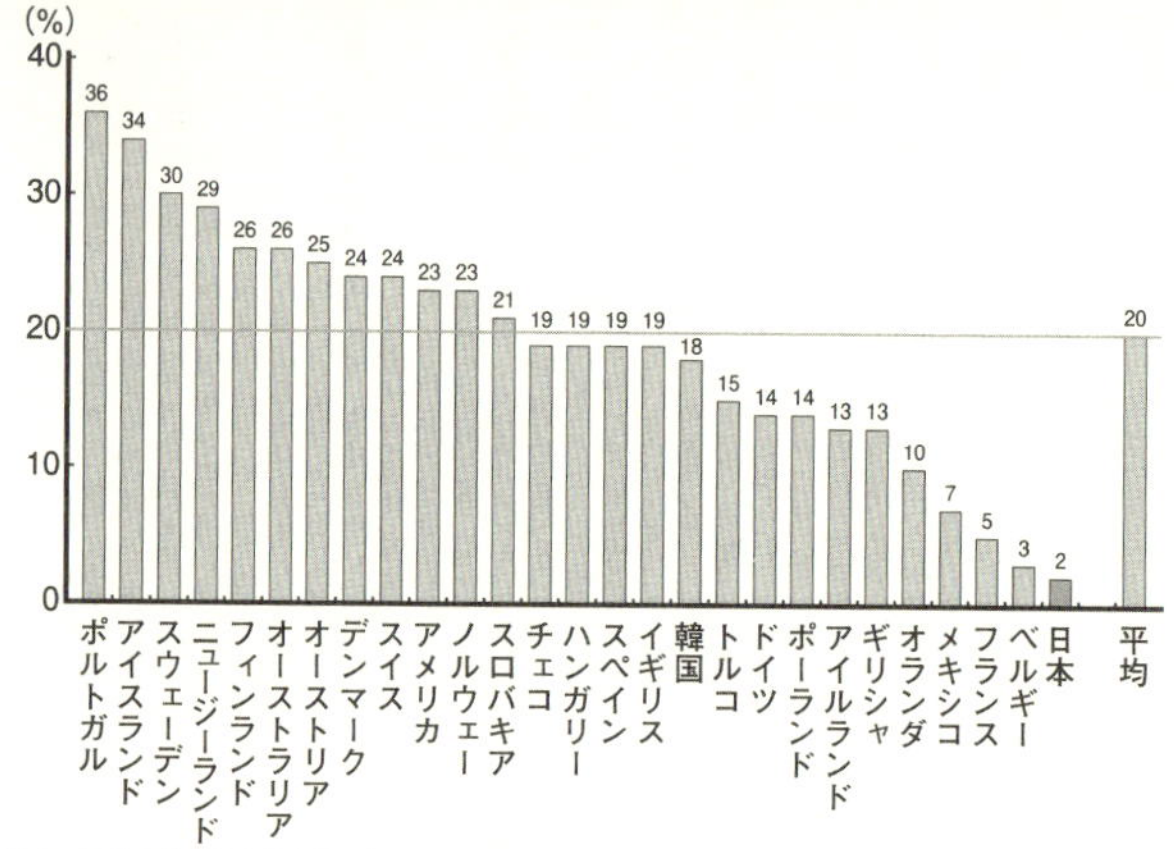

日本の数値は社会人入学生数。文部科学省の資料より作成

くならば、日本の大学における二五歳以上の入学者が占める割合はわずか二％、世界の先進諸国でこれほど年長者の割合が低い国はありません。たとえば、スウェーデン、フィンランド、ノルウェー、スイス、オーストラリア、それに米国は、二五％前後、およそ大学生の四人に一人が二五歳以上です。イギリスは約二〇％、ドイツは約一五％が二五歳以上ですから、どんな少人数クラスでも数人は年長の学生がいるわけです。韓国でも、約一八％の大学生が二五歳以上で、学生の年齢構成は日本よりもずっと多様です。もちろん、徴兵制のある国とない国での事情の違いもあるかもしれませんが、それにしても日本の大学生は年齢的に異様なほど同質的です。この同質性は、これからの大学にとって

プラスとはいえません。

このような大学生の年齢構成上の同質性は、日本では大学が、高校までと同じように「学年」で進む組織であることと関係があります。大学に入学すると、まるで双六《すごろく》のように一年生から二年生、三年生、四年生へと順番に進み、卒業に至る。ですから、たった一年の差でも「先輩」「後輩」関係が比較的はっきりしており、先の段階に進めなかった者は「留年」扱いとなる。このように「学年」で壁を作る仕組みは、社会にあっても「年齢」と「立場」を対応させる思考に結びつき、年功序列的な傾向を助長します。そして、この「学年双六」的思考が、大学は高校を出たばかりの若者が行くところで、年を取ってから大学に入り直すのは、よほど勉強が好きか、特別に意志が強い人たちだとの通念となり、日本の大学生の異様なほどの年齢的同質性を正当化するのです。しかし大学の学びは、高卒水準以上の学力を身につけていれば、どの年齢からでも始めることができます。未来の大学キャンパスには、三〇歳代、四〇歳代、五〇歳代、六〇歳代、七〇歳代の大学生が、二〇歳代の大学生と同じように自然にいるようにならなくてはなりません。

崩壊の瀬戸際にある入口管理依存の大学教育

一八歳人口が減少を続ける時代、大学入学者の母集団をどう増やすかは、すべての大学にとって切実な課題です。その場合、最悪の選択は、合格者のハードルを下げ、今まで大学に入れなかった層を入れることです。実際、この方法で表向き募集定員を満たしている大学が少なくありませんが、一度レベルを落とし始めたら、それは対外的な評価にも、学生の自己意識にも影響しますから、大学の劣化が進みます。ハードルの引き下げを拒否し、それでも有望な志願者を確保する一つの方法は、英語科目を大幅に増やし、学生宿舎を充実させて優秀な留学生を増やすことでしょう。これは実際、立命館アジア太平洋大学や早稲田大学国際教養学部が試みた方法ですが、すでに長い歴史を有し、日本語カリキュラムと教員組織が確立している大学・学部では、簡単にはそうした転換ができません。

そこで多くの大学・大学院が、社会人枠を拡大させていくことになります。社会的経験やこれまでのキャリア、実践力重視の課程を設置して、筆記試験以外の方法で社会人を受け入れていくのです。しかし、この社会人枠も、すでにある教育課程をそのままにして付加的にすると、学問的な思考や柔軟な分析力を十分に訓練されていない社会人学生の一群が、一般の学生とは異質な存在として大学内に誕生し、いわば鎖国日本に長崎の出島ができたようになってしまいます。それらの社会人の実力が不十分だと、大学のなかにコミュニティカレッジが入ったようになり、全体的な質の低下をもたらします。

今日、日本の大学システムが長年、そのなかで安住してきた入口管理のシステムは、崩壊の瀬戸際にあると思います。大学の質を入口管理で維持する仕組みは、志願者数が入学者数を大きく上回り、激しい受験競争で若者たちが自ら切磋琢磨《せっさたくま》するという状況に依存しているのです。しかも、そのような状況が維持され続けるためには、大学合格の価値が社会的に高く評価され、なおかつそのような恩恵に与《あずか》れる人が相対的に少ないという前提が必要です。ところが、日本の大学はあまりにも膨張してしまい、同時に若年人口は減少を続けているわけで、このような前提はすでに失われつつあります。これからの大学が自らの価値を高めていくには、出口管理の仕方を工夫し、卒業生に対する質保証を社会に透明な仕方で示すことによって、大学への支持を広げていくしかないのです。

人生で三回、大学に入る

ですから何よりも必要なのは、日本の大学を、「高校生」と「社会人」の中間にある通過儀礼的な組織から、人生の様々な段階で参加するビジョンやキャリアの転轍機に構造転換させていくことです。この転換は、「入力」の転換と「出力」の転換という二つの転換によって実現されます。「入力」の転換とは、大学への入学者の大半を高校卒業者が占めるようなあり方からの転換です。私は、二一世紀半ばの日本では、人々は人生で三回、大学に入るのが望ましいと思うようになる、少なくともそんな社会の実現を大学は目指していくべきだと考えています。三回というのは、一回目が、だいたい一八歳から二一歳くらいまでです。二回目が、だいたい三〇歳代前半、三回目が、だいたい六〇歳前後です。

ではなぜ、この三回なのでしょうか？　まず一回目は、ほぼ今と同じ高校卒業時か、卒業後二、三年以内の入学です。今とまったく同じように高校三年生で大学受験をして入学する人が多くいていいのですが、まず社会で一、二年働いてみるとか、海外の教育・文化施設に留学するとか、種々の経験を積んでから大学に入ってくるギャップイヤーの経験者を政策的に増やすべきでしょう。これは、留学生の増加と同じ効果があります。つまり、同じ二〇歳代前半でも、大学生は高校生よりもはるかに多様であるべきなのです。そのような人的、文化的背景の多様性、異種混交が、大学での新しい価値の理解や創造を可能にしていきます。

次に、二回目の三〇歳代前半ですが、これは就職した人が一通りの職場経験を積み、自分の仕事の可能性と限界が見える年齢を考えています。そのまま組織に残り、次は課長から部長へという管理職への道を歩むのか、それとも一回しかない自分の人生、それまでの経験を生かしつつも、まったく違う道を歩むことにチャレンジするかを決めなければならない時期です。三〇歳代前半ならば、もう一回大学に入り直し、全力で何かを学んで新しい人生を歩んでいくという別の人生へのビジョンを考えることができます。

第三に、六〇歳前後ですが、これは職場でのキャリアをほぼ終え、定年を迎える時期です。しかし昨今は、大多数が七五歳くらいまで元気です。つまり、六〇歳を迎える時点で、少なくともあと約一五年間、全力で何かを追求していくことができるのです。

たしかにこれらの人々は、数十年に及ぶ組織での経験を通じ、特定分野での専門的な知識はすでに持っていることが多いでしょう。しかし、そうした個別的な知識だけでは、その知識を若い世代に伝えることはできても、自分が前提としてきた価値の軸を転換し、新しい可能性の地平を開いていくことはできません。つまり、経験を積んだ人が新しい道に向かおうとするときに必要なのは、自らが蓄積してきた知識や方法を相対化できる能力です。そのような能力を身につけるために、人生最後のチャレンジとなる一五年間の最初の数年間を使って大学に入り直し、それまでの自分の価値観を自ら突き崩し、新たな知的想像力の基礎を築いていこうとする人の母集団は、実は膨大にいるはずだと思います。

この三番目の入学年齢について若干の補足をしておくと、女性の場合は、それが六〇歳というよりも五〇歳代前半かもしれません。つまり、子育てが終わり、息子や娘が少なくとも大学生になるか、就職ないし結婚をして独立する時期です。この時期、それまで子育てで手一杯だった家庭の女性たちにも、定年前の企業社員と同じ状況が生まれます。七五歳くらいまで、まだ二〇年以上あるわけですから、体力的、知力的に自分を鍛え直せる人は、十分に人生であと一仕事ができるのです。そのような場合でも、学問的基礎や方法論は不可欠で、厳しい修練を覚悟して大学に入り直そうとする層が存在します。

大学は、このような多様な層に対し、決して彼らを「お客様」とするのではなく、高校を卒業して入ってくる若者たち以上に厳しく修練させるシステムを備えていかなければなりません。学部の専門教育ならば三年、修士課程は二年、博士課程は三年以上、しっかり在籍していただき、アカデミズムの国際的な水準と比べて恥ずかしくない水準にまで、そうした年長層の学生の質保証ができる仕組みを作らなければならないのです。

それができれば、二一世紀の大学は、三〇歳代の社会人の現場的知識、六〇歳前後の社会人の深い経験値と関係調整能力、それに二〇歳代の学生たちの知的柔軟さや論理的分析力がタテに対話し、そこから新しい価値や認識が創造されていく刺激に富んだ場になっていくはずです。そして何よりも、大学経営的な観点からいえば、一八歳人口は減少する一方ですし、留学生の吸収にも限界があるなかで、三〇歳代と六〇歳代という新しい層の入学志願者が劇的に増えることにより、少なくとも一・五倍から二倍程度まで、大学入学者の母集団を大きくしていくことができるのです。これまで近代を通じ、小学校から大学までは「学年」、企業や官僚組織は「年齢層」「勤続年数」等といった直線的に積み上がる時間軸に従って組織されてきました。しかし、工業化段階を終えた社会では、そのような直線的な時間軸が徐々に崩れていきます。社会そのものの時間軸が、より断片的、流動的になるなかでは、大学のなかにも複数の時間軸を共存させていくことが有益なのです。

4　入学者の多様化と学生を主体化する学び

アクティブ・ラーニングによる授業実践――「アタック・ミー!」を例に

さて、二一世紀の大学が、多様な年齢、キャリアの学生から構成されるようになってくると、その質保証にはこれまで以上に厳密で透明性のある「出力」、つまり出口管理の仕組みが必要になってきます。この出口管理の根本をなすのは、個々の授業の設計と運営、授業で学生たちを協働させていく制度的基盤の整備です。この点については、最近、学習環境や授業開発に関する分野で「アクティブ・ラーニング」の手法の開発が進み、多くの授業実験がなされてきています。一時、大変話題になったマイケル・サンデル教授の「ハーバード白熱教室」などというのも、そうしたアクティブ・ラーニングに含めていいでしょう。教員と学生たちとの対話のなかで思考が深められていくことが必須で、そのために学生も教員も、お互いに今まで以上の準備が要求されるのです。

手前味噌《みそ》になりますが、私は大学院の自分のクラスで、長年「アタック・ミー!」という題目の授業を実施してきました。これを始めたのは二〇〇〇年前後でしたから、もう一五年くらい時間が経っています。「アタック・ミー!」とは、「私を叩きのめせ!」という意味で、ボクシングで言えば私が「サンドバッグ」になるので、私に思いっきりパンチをすることであなたのパンチ力を鍛えなさい、という趣旨の授業です。

この授業にはいくつか規則があって、たとえば、「取り上げる論文や本の要約をしてはいけない」「褒めてはいけない」「感想を述べてはいけない」「質問をしてはいけない」というような規則です。他方、学生に期待されるのは、私が書いたり、推奨したりした本や論文のアラ探しです。これは、誤字脱字、表現の稚拙さ、事実と異なるのではないかという検証などに始まり、論理的な整合性や一貫性の欠如、背後にある視点そのものの限界など、とにかくダメなところをみつけて徹底的に批判する、ということをやらせます。

私はサンドバッグになって、どんな罵詈雑言《ばりぞうごん》も受けるわけですが、これは学生にとって非常にやっかいな授業でしょう。実際、私の論文や本でしたら、私がそれを書いた本人ですから自分の書いたものの弱点はかなりわかっています。また、私が時間をかけて読み込んできた本や論文でも同じです。学生たちには、それを私から教えるのではなく、教材の本や論文の問題点を見抜いて、「この部分が破綻している!」と批判させるのです。というのも、要約したり褒めたりすることならば、頭のいい学生ならば論文を精密に読んでいなくてもできます。しかし、目の前の教壇に立っている教師が、自分の書いたものを批判しなさいと命じている。その教師をとにかく叩きのめさなくてはいけないというのは、学生からすれば勇気が必要です。ちゃんと批判するためには、教材の本や論文をきちんと読み込まなければ不可能でしょう。

教師の議論を批判するための五つの段階

この授業では、教壇の教師を批判するのに有効な方法も最初に説明します。これには基本的に五つの段階があります。いうまでもなく、あなたの議論は「なんとなく気に入らない」とか、「自分にはあまり合わなかった」とか、「よくわからなかった」というのは批判にすらなっておらず、対話の拒絶でしかありませんから、これはダメです。そこで、相手の議論を学問的に批判する作業は、まず批判しようとする箇所の具体的記述を抽出することから始まります。その上で、二番目の段階は、批判する際の自分の立脚点を明確にすることで、相手を批判するために自分がどんな前提に立っているのかを確認します。

そして第三に、次の三つの方法的基準から、その該当箇所への批判をするのです。

一つ目は「実証の妥当性」の基準、つまり書いていることが事実に反していないかどうかの検証です。「統計的データに照らして、この記述は事実を正確に捉えていない」というような批判が可能なわけです。

二つ目は、「論理の整合性」の基準、つまり議論の軸が途中で変わってきてしまっていないかどうかの検証です。実際、比較的若い人の論文にしばしば見られるのですが、書いているうちに思考が深まり、論文の前半と後半で違うことを言っているというようなケースです。本人にとって思考が深まったのはいいことですが、これは学問的著述としてはダメです。この場合は、深まった認識に基づいて最初から一貫したものに書き直さなくてはいけない。最初と最後で言っていることが違うと、どちらが本当なのか、読む側は混乱してしまいます。

さらに三つ目は、「結論の有用性」の基準です。要するに、その研究は何らかの意味で「役に立つ」ものでなくてはならない。もちろん、この「有用性」には手段的な有用性と価値創造的な有用性があり、少なくとも文系の学問で重視されるのは価値創造的な有用性、「オリジナリティー」と呼ばれるものです。「この研究がやっていることは、他の研究でも散々やられてきたことと同じで、オリジナリティーがないではないか！」という研究の価値についての批判がこのタイプに含まれます。

さて、第四の段階は、その研究の背後仮説（Background Assumption）は何かを明らかにし、この背後仮説の限界を示すことです。あらゆる学問的言説は、その背後にイデオロギー的ないしは理論的な前提を抱えています。それをかつて、アメリカの社会学者アルビン・グールドナーは「背後仮説」と名づけました。優れた批判は、相手の議論がどのような背後仮説に基づいているかを示し、その背後仮説の問題点を示すものです。そして、この四番目の批判ができれば、批判の作業は最後の段階、つまり「代替的理論の提示」という段階にまで達するのです。この場合、代替的理論は相手とは異なる背後仮説に基づくものとなるでしょうから、ここにはある種のパラダイム転換が生じます。

パラダイム転換は、理系では革命的価値があります。天動説のパラダイムが地動説と両立しないように、複数のパラダイムがあれば、どちらかが正しくて、どちらかが間違っているのです。しかし文系の学問では、一般的にパラダイムは複数成立します。同じ研究対象を扱っていても、たとえばフーコー的なポスト構造主義の考え方から書かれた論文とパーソンズ的な構造機能主義の立場で書かれた論文は、同じ「構造」という言葉の含意はまったく違います。あるいは、マルクス主義の立場から書かれた論文と、マックス・ウェーバー的な行為主義の立場から書かれた論文と、デュルケーム的な社会学主義の立場から書かれた論文では、現代社会の諸現象の捉え方がまったく違ってくるのは、社会科学を少しでも勉強した人は、誰しもが知っていることです。文系の学問では、背後仮説が一つということはあり得ず、あれも正しいしこれも正しい、つまり異なる立脚点に基づく様々な「正しさ」が存在するのです。

「アタック・ミー！」の授業では、教師は最初に以上の「批判の作法」を解説し、教材をウェブサイトにアップロードします。その上で、それぞれの回の文献について、学生たちから一点ないし二点程度の批判を発表してもらうのです。批判の論点が増えすぎて焦点がぼやけないように、各学生が提起する論点の数は制限します。それらの批判は、授業では大判の付箋《ふせん》に書き込んでもらい、順番に白板に貼っていきます。授業に支援スタッフがいる場合は、批判を専用サイトにアップロードしてもらい、オンラインでも議論が継続できるようにします。そして、第一段階ではそれぞれの批判に教師が反論し、その上で第二段階では、さらに批判力を強化するため類似の批判をした学生たちをグループにまとめ、各グループが教師に理論的に襲いかかる状況を作っていきます。この授業は、徹底して学生が攻撃する側で、教師が防御をする側です。いわば、特定の文献を素材とした、攻撃＝学生と防御＝教師の論戦ゲームなのです。

多様な年齢、背景の学生の質保証に必要な出口管理

以上は、無限に形式があり得るアクティブ・ラーニングの一例にすぎません。しかし、私がかつてこのような形式の授業をすべきだと考えた最初のきっかけは、一九九〇年代の大学院重点化に伴う大学院生の多様性の拡大でした。重点化以前の東京大学大学院は、研究者志望の少数の大学院生を相手にしていればいい場所でした。入学してくる学生の水準はかなり高く、関心も一定範囲内に限定されていましたから、私のところは毎年、文化研究やメディア研究の最

先端の英語論文を分担を決めて読んでいく古典的な方式で対応できていたのです。

しかし、重点化によって院生数が増え、大学院の組織再編も進んで彼らの学問的水準も問題関心も大幅に多様化するなかで、大学院教育のスタイルを抜本的に改革する必要が生じていったのです。そこで二〇〇〇年前後、私は大学院に入学してきた学生が、その研究テーマ、分野の如何《いかん》にかかわらず、必ず身につけなければならないのは先行研究を正しく批判する能力だと考え、以上で述べたような授業を始めました。

二一世紀の大学で、学生が大幅に多様化することにより生じていくのは、この私が重点化以降の大学院で経験したことをさらに拡大したような変化、つまり学生の知的水準や問題関心、文化的、社会的背景の著しい多様化です。増大する多様性のなかで、なお教育の質を維持していくのは、これまでと同じマス教育的な方式では不可能です。大教室での講義形式の授業は、学生が同質的で、その知的水準や関心が一定の範囲内に収まっている場合には効果を発揮します。熟練した教師は学生の知的水準や学生全体の「空気」を読み、それに合わせてジョークも交えながら講義をすれば人気の授業になり、学生の心をつかむことができます。

しかし、年齢、社会的、文化的背景がきわめて多様化した学生たちには、大教室での一方的な授業がもはや通用しないケースが増えていきます。大教室の講義形式だけでは、異なる背景を持つ多様な学生全体の水準も、関心もカバーできないのです。むしろ、五人一組、一〇人一組といった少人数のチームで協働する環境を作り出し、そのチームに異なる年齢層、文化的背景、言語の学生を集めて課題解決に取り組ませていくのであれば、学生たちは自然とお互いの知恵を出し合い、活発に交流していくことになるでしょう。このようにして、ある程度まで戦略的に設計された授業の仕組みのなかで、異質な学生間で知的に協働する体験を持たせていくことの効果は多様化により逆に高まるのです。

しかしその場合、チームとなった学生たちのポテンシャルを伸ばすには、学生グループと教師の間にトレーニングを受けたポスドク（博士課程修了後の若手研究者）ないし博士課程レベルのTAが入り、それぞれのチームを担当して授業の前や後まで含めてケアをしていく体制を作り上げていかなければなりません。つまり、教師の側もチームとなっていく必要があるのです。そのようにして、大学教育の主軸を、一対多で教授が自分の熟知している知識を多数の学生に伝授していく方式から、むしろ複数対複数、チーム対チームで授業全体をプロセスとして組織化する方式へと徐々に転換していくことが重要です。

こうした転換を可能にするには、教員一人当たりの学生数（学生教員比）をもっと引き下げることが必須です。現在、この比率は、旧帝大など主要国立大ではほぼ一対一〇以下に収まっており、国際的に見て異様に高いわけではありませんが、早稲田、同志社、立命館などの主要な大規模私立大は軒並み一対三〇を超えており、なかには一対四〇を超えている大学までありまず。これは国際的にみて異様な数字であり、これでは多様な学生に対して教育の質を高めることは、下部構造的に不可能です。とはいえ、常勤教員数を一挙に増やすことは、大学の財政を大いに圧迫するのでそう簡単にできることではありませんから、少なくとも今後、博士課程レベルの大学院生のTAとしての能力をトレーニングし、その質を保証するプレFD（大学院生を対象としたFD）の仕組みを大学の枠を越えて発展させ、TAを含めた教員団全体の人数と学生の人数の割合を、アクティブ・ラーニングを実質化するのに十分な割合にまで均衡させていかなければならないのです。

大学教育は、量の時代から質の時代へ

これまで日本の大学教育は、高校までと同じように「学年」という仕切りによって学ぶべき科目群が決められてきました。一年生から二年生へ、三年生へ、そして四年生へと進学するには、必修科目を含めた一定以上の単位数の取得が必要で、それらの必修科目や優先的な選択科目の配置こそが、個々の学生が教育課程から脱落するのを防ぐ防波堤的な役割を果たしてきた

のです。必要な単位が獲得できなかった学生は、普通は「留年」ということになり、特別な事情がある場合にはそれなりの救済措置が施されます。他方、抜きん出て優秀な学生には、特別に「飛び級」の権利が与えられるのです。

こうした仕組みは、学生たちの年齢的、学力的、キャリア的な同質性が高い大学においては簡便で効果的な仕組みですが、きわめて多様な学生の能力を存分に伸ばしていく仕組みではありません。むしろ、学科や学部、大学の枠を越えて科目シラバスの共有化・公開化を進め、同時に科目ナンバリングを通じた単位の互換システムを築くならば、科目間の関係が構造化された多分野にわたる学修課程を提供できるようになります。

このように高度に構造化されたカリキュラムを前提にするならば、学生たちの入学から卒業までのプロセスのなかでの位置は、その学生がどの学年に属するかではなく、どの単位をどれだけすでに取得しているかによって決まっていきます。すなわちこれが、「学年制」のオルタナティブとしての「単位制」です。この単位制の下では、原理的には「留年」「飛び級」という概念自体がなくなりますが、各科目の学修成果は厳密にチェックされ、一定水準以上のパフォーマンスがなければ決して単位を取得できなくなります。そのような厳しい基準で単位を取得し、成績評価も信頼性の高いものであれば、大学の成績と学位は、ところてん式の学年制よりもずっと透明で確実になり、社会にアピールするものになっていくでしょう。

こうした転換は、高度成長期には不可能でした。なぜなら産業界は大学に、それほど抜群でなくていいが、一定水準以上の学力を備えた均質的な若手を、「大卒」として毎年、大量に送り出すよう要求していたからです。そうした大量の均質的な（「粒の揃った」）大卒者たちが、毎年一定数以上、同じカレンダーに従って送り出されていくことで、戦後日本の経済成長とその後の消費社会、情報社会は実現されていったのだとも言えます。

しかし一九九〇年代以降、こうした「マス」を生産する大学への社会的需要は、急速に弱まっていきました。均質的大量生産の時代から多品種少量生産の時代への転換は、大卒者への社会的需要の面でも起きていたのです。しかも、日本経済の規模や構成が変化していくなかで、もはや産業界は必ずしも同時期に、均質な大卒者を大量に雇用しようとはしていません。採用は多様化し、それぞれの「質」が問われています。これはつまり、社会と大学の関係全体の「量」の時代から「質」の時代への転換でした。そして大学の側からするならば、一定水準以上の大量の同質的な若者を生産せよとの圧力が弱まっていったことで、自らの教育を「量」から「質」へ転換させる余地が広がりました。学生たちは、本当はいつ卒業してもいいし、いつ二年生になってもよく、そんなことよりも彼らがどのような科目の組み合わせで単位を取得し、その組み合わせを初歩的な段階から高度な段階までどう組織化し、いかなる成績を残したかが、より重要になってきたのです。

5　人文社会系は新しい人生の役に立つ

価値軸が多元化、複雑化、流動化した社会を生きる

以上、大学が異なる世代の入学者を受け入れ、それを新しい大学の創造的な力に変えていく可能性、換言するなら、多くの人が、人生で三回、大学に入るのが自然と思うようになる社会が到来する可能性について論じてきました。これを踏まえ、本章の最後に、以上で述べてきた時間的、キャリア的な意味での甲殻類から脊椎動物への進化、つまり高校と大学、大学と職場の間の「壁」に孔を開け、大学教育のなかに異なる人生の時間を共存させていく変革が、前章で述べた二一世紀の宮本武蔵、つまりメジャー・マイナー制であれ、ダブル・メジャー制であれ、大学教育をより複線的なものに変え、複雑で流動的な社会に対応していく改革と、表裏をなすことを説明しておきたいと思います。

そもそも人は、なぜ三回も大学に入る必要が出てくるのでしょうか。ここまでで、すでにある程度は答えた問いを、改めて考えてみましょう。年長になって入学する層の側からいうならば、高齢化社会が一要因であるのは明らかです。大学側からするならば、少子化、つまり一八歳人口の持続的減少が、多世代を受け入れて意味ある姿に大学を変えていかなければならないと考える重要な理由です。しかし、これらのプッシュ要因とプル要因よりももっと根本的な理由があります。それは社会的価値の多元化、複雑化、流動化です。

おそらく半世紀以上前、日本が高度経済成長の最中にあった時代には、工業化、経済成長、「豊かさ」の実現が社会の枢軸的な価値であり、そのような価値観は日本がどのようになっても半永久に続いていく、つまり価値の軸そのものが転換したり、複数化したり、流動化したりするとは、多くの人は考えもしなかったでしょう。当時は冷戦期で、社会主義陣営は社会主義の、資本主義陣営は資本主義の価値に一元化しており、この二つの対立するイデオロギー的価値軸以外にも、未来社会が追求すべき価値の軸が多数あるとは、多くの人は考えてはいませんでした。たしかにインドのガンジー、あるいはインドネシアで開かれたバンドン会議が提起したのは、このいずれとも異なる価値の軸だったのですが、そうした第三、第四の価値は全体としては周縁的なものにとどまりました。

しかし、それから半世紀、今では一九六〇年代の価値観がそのまま続いている、あるいは続くべきだと信じる人は、むしろ少数派です。しかもこの価値軸は、たとえば資本主義から社会主義へ「革命的」に変化したわけでは、もちろんありません。あるいは、成長主義からエコロジカルな成熟へと全面転換したとも言えないのです。むしろ、過去半世紀、とりわけ一九七〇年代から九〇年代に至る変動期に始まったのは、価値軸の多元化、複雑化、流動化でした。今日、多くの人は、自分が大切にする価値が国民的に共有されているとは信じないでしょうし（「平和」はその数少ない例外かもしれませんが）、それ以上に、そうした価値が自分自身においてすら、これから一生、続いていくという確信も持てないのです。社会を方向づける価値は変化する——だから自分は、そのような変化をいち早く察知し、それになるべく適応していこうと多くの人は考えているはずです。

このような節操のない順応主義（「長いものに巻かれろ」主義）に、深い問題があることは明白です。しかし、日本社会の本質に近いこの傾向が、そう簡単に変わるとも思えません。そこで、少なくとも人々が、ある一つの価値を絶対不変だとは信じなくなっている現状に肯定的な可能性を見出すべきだと思います。現代社会では、価値の軸は本質的に多元的、複雑で、流動的です。この大状況を前提にするなら、大学で学んだこと、あるいは卒業後、企業で若手社員として身につけてきたことが、そのままその後の一生、前提にし続けられるわけではないことは、すでに広く理解されているでしょう。そうしたときに、単に後追い的に新しい価値状況に適応するのではなく、むしろそれまでの知識や経験を生かしながら、自ら新しい価値の創出に挑戦し、時代をリードする人が出てくる必要があるのです。そうした可能性を模索するのに、大学ほど相応《ふさわ》しい場所はありません。

「時間差」で二一世紀の宮本武蔵を育成する

このような価値が多元的で複雑、流動的な社会で力を発揮する若者を育成するには、宮本武蔵主義、すなわち一本の長い刀で戦おうとする佐々木小次郎よりも、長短（あるいは長長）の二本の刀で戦う宮本武蔵のほうが相応しいモデルだということは、すでに前章で述べた通りです。しかし、二一世紀の宮本武蔵は、（一七世紀初頭の宮本武蔵と異なり）必ずしも同時に二本の刀を持たなければいけないというわけではありません。いわば「時間差」の宮本武蔵として、最初に入学した大学ですでに一本目の刀の使い方は習得したのだけれども、卒業して社会経験を積み、約一〇年後、再び大学に入学して二本目の刀の使い方を身につけていく、というようなケースがあっても良いのです。さらに定年間際に、もう一度大学に入り直して三本目の刀の使い方を身につけていくとすると、二一世紀の宮本武蔵は、時間差で三本の刀を使うことができる人物という可能性すらあります。

その場合、そうして時間差で身につけていく二本ないし三本の組み合わせはどうなるでしょうか。たとえば、最初の大学生活では工学系を一本目の刀として学んだけれども、社会経験を積んで二本目の刀として社会学を学ぶ人がいるかもしれません。あるいは同じ文系でも、最初は英文学を学んだのだけれども、三〇歳代になって今度は経営学を学ぶといった時間差二刀流も考えられます。概していえば、三〇歳代で二回目、六〇歳前後で三回目に大学に入る学生たちにとっては、一回目で学んだのと同じ専門を深めるよりは、それまでの実務経験を踏まえ、それぞれのその後の人生ビジョンのなかで「役に立つ」分野を学び直していこうという需要が高いはずです。この場合、「役に立つ」というのは、それぞれが新しい人生を生きていく上で知的な基礎になるという意味です。

そして、その二回目以降に学ぶ分野で選ばれるのは、純粋な理系よりも文系、または文理融合系の分野のほうが多いだろうと想像できます。最初に工学を学び、二度目に法学を学ぶ。最初に生物学を学び、二度目にアジアの地域研究を学んでいく。最初にコンピュータ・サイエンスを学び、二度目に経済学を学び、最後に哲学を学ぶ――。

なぜこうした傾向になるのかというと、理系はその時、その時に要請される課題に対応して最先端を切り拓いていかなければならない分野が多いので、そこで革新的な成果を生み出すには若い頭脳のほうが圧倒的に有利だからです。大学で理系教育を受けていたとしても、一度研究を離れて実務経験を重ねたあと、再び大学に入り直して理系分野の最先端で成果を上げるのは簡単ではありません。理系の知は、先端に行けば行くほど変化が速いので、一度研究の先端を離れた人は浦島太郎になりがちです。そして、このような短いスパンで変化し続ける分野で、若い頭脳との熾烈な競争にさらされる環境は、三〇代前半、いわんや六〇歳前後の世代にとって、現実的に有利な選択肢にはなりにくいと思います。

一方、理系で生まれた技術を生かしながらも、社会的な価値とは何かを見極め、将来のビジネスや社会のデザイン、地域から国家、世界までを視野に入れて思考を深めていくのは文系の役割です。職場での経験を経て、長期的な視点で物事を見つめてみようとなったとき、現場で経験知として信じるようになったことをもう一度学問的に基礎づける、あるいはその経験知が本当は正しくないのではないかと疑ってみるために役立つのが文系の学問なのです。

もちろんその場合、比較的短いスパンで仕事に役立ってくれる経営学や法学、もうちょっと長く、それまでの自明性を疑い、転換するのに役立ってくれる社会学や人類学、さらにはより長期の、物事を考えていくときの根本まで遡らせてくれる哲学や歴史学というように、有用性の長さは様々です。いずれの場合も、短い時間のなかでは役に立たなくても、長い時間的視野にこだわる知の特性が、二度目、三度目の大学の学びでは有用性を帯びてくるのです。

「論文を書く」というメソッド

しかし、二度目、三度目の大学での学びにおいて文系が有益なのは、単にこうした長期的な視野を持った学問の中身が、それぞれの人がそれまで身につけてきた経験知を相対化する上で役立つからというだけではありません。それはいわば文系知の「コンテンツ」が役立つという話ですが、他方で文系知の「メソッド」も、社会とかかわりながら自力で物事を発想し、考えをまとめ、相手に伝えていこうというとき、大いに役立つのです。というのも、理系の学びが、とりわけ「実験室」を中心に展開されるのと同様、文系の学びは、とりわけ「ゼミ」を中心に展開されます。そして、それぞれの学生は、最終的には「論文を書く」という作業に集中します。この「ゼミ」と「論文を書く」ことの組み合わせのなかに、「メソッド」としての文系知の根本にかかわる要素が含まれています。

このことを示すために、まず後者の「論文を書く」とはいかなることかを説明していきたいと思います。すなわち文系において、「論文」とは、著者の「問い」についての学問的方法論に基づく「認識」の深まりを、実証的な根拠を示しながら文章として構造化したものです。つまり、ここで重要なのは、①著者の問い、②学問的方法論、③実証的な根拠、④文章による構造化、⑤認識の深まりの五つです。これらをどのように結びつけていけば、優れた論文になるのでしょうか？　あるいはダメな論文とは、これらのどこで失敗をしているのでしょうか？これは、ひょっとすると理系でも同じかもしれないのですが、私がはっきり自信をもって言えるのは、文系の「論文」についての基準です。

以上のような「論文」の五つの基本要素を研究のプロセスと結びつけると、論文を書きあげるには、次の六つの段階を経なければならないことになります。

（1）問題意識ないしは研究目的の明確化
（2）研究対象の特定
（3）先行研究の批判的検討
（4）分析枠組み（仮説）の構築
（5）フィールドワーク、調査・実験、資料収集

（6）結論と評価

この六つのなかで、学生が論文を書くとき、特に抜け落ちやすいのは一番目と三番目と四番目です。多くの学生が、論文を書く以上は、何らかの具体的な「研究対象」がなければいけないことや、フィールドワークや調査や実験をして「データ」を集めなければならないことは知っています。ところが学生たちは、この二つの段階、つまり研究対象を決めて、資料を集め、時にはアンケート調査や実験をしてその結果を記述すれば、それで論文になると思い違いをしているることが少なくないのです。しかし、この二つの段階を経ただけでは、せいぜい調査レポートの水準で、「論文」としては不十分です。学問的な論文を書くには、とりわけ一番目と、それから三番目から四番目への認識の深まりがとても重要なのです。

これまで多くの学生を指導してきた経験からいうと、かなり多くの学生が、最初になすべき「問題意識ないしは研究目的の明確化」を飛ばして、二番目の「研究対象の特定」から始めがちです。しかし、優れた論文を書くためには、研究対象を決める前に、あるいは研究対象を決めるのと同時に、問題意識が明確化されていなければなりません。

注意しておきたいのですが、この場合、「問題意識」とは、自分がなぜこの研究をやりたいと思うようになったかという個人的動機ではありません。多くの学生が、「君の問いは何なの?」と聞くと、長々と自分のパーソナル・ヒストリーを話し始め、「だから私はこの対象にとても興味を持つようになったのです」とか、「だから私はこの対象が大好きなのです」と答えたりするのですが、個人的「動機」と学問的「問い」は別です。ここでいう「問題意識」とは、あくまで学問的「問い」のことであり、どのような経験を背景とするのであれ、悩み抜いた結果として「この問題を考えることが、学問的にみて決定的に重要だ」と考えるに至ったその問いです。つまり、その問いは経験に基づくかもしれませんが、それが大切なのではなく、学問的な問いとして位置づけられるものになっていることが、非常に大切なのです。

他方、これは最近の学生に多いのですが、論文の構想を説明する際、最初に「私のリサーチ・クエスチョンは一、〇〇、二、△△、三、××……」などと列挙し始める人がいます。この種の学生は、教科書的に「論文にはリサーチ・クエスチョンがなくてはならない」ということを学び、それをマニュアルとして理解している学生たちです。ところが多くの場合、そうした学生が三つも四つも挙げる「リサーチ・クエスチョン」は、その研究対象を扱うのなら誰でも思いつくような表層的なものです。つまり、彼らは最初に自分が興味を持つ対象を決めてしまっており、その対象について論文を書くことを正当化するために、もっともらしい「リサーチ・クエスチョン」を並べているのです。こんなことでは認識が深まるはずもないので、私は「君が今、三つ並べたリサーチ・クエスチョンの関係を説明してくれないか」とか、「三つは多すぎるので、問いは一つに絞りなさい」とか注文をつけます。列挙した「リサーチ・クエスチョン」の関係を説明させていくと、ばらばらに考えていたので全然説明ができなくなるか、あるいは実はそれらは「クエスチョン」ですらなかった、つまり当人はすでに「クエスチョン」の答えを用意しており、その研究は、すでに立てているストーリーを跡づけようとするものであることが露呈したりします。

先行研究の批判から分析枠組みの構築へ

三番目の「先行研究の批判的検討」から四番目の「分析枠組み（仮説）の構築」に向かうプロセスができない学生も少なくありません。そうした学生がしばしば弁明するのは、「私の研究対象は特殊なので、先行研究はほとんどありません」という主張です。しかし、こういう主張は、だいたいが不勉強か、あるいは先行研究とは何かをわかっていない証拠です。実際には、どれほど特殊で新しい研究対象であっても、その対象の枠を少し広げ、先行研究とは何かを深く考えるなら、先行研究は必ず存在するのです。

そもそも「先行研究がない」と言ってしまえるのは、自分の研究目的についての理解が浅いことを意味します。研究対象を当該の具体的事象だけに限るなら、たしかにその対象を扱った研究がほとんどないこともあるでしょう。しかし、そうした対象が含まれるカテゴリーや、その対象を扱う理由である研究目的に留意すれば、論文の学問的な「問い」にかかわる先行研究は必ず膨大に存在します。つまり、どんな分野であっても必ず理論的なバックグラウンドがあり、その理論的な問題設定に対して多くの先人たちが思考をめぐらしてきたわけで、そうした先人たちの先行研究は読み尽くせないくらい存在するのです。

たとえば本書は、二〇一五年六月の文科省の「通知」をめぐって巻き起こった「文系学部廃止」論争を扱っています。このような議論が、最近、突然、文科省の愚策として出たのだと勘違いすると、この対象についての先行研究など存在するはずがないという主張につながります。しかし、本書はすでに、ここで問題なのは「通知」云々ではなく、「通知」を批判する側も含めて議論の前提としてしまっている「文系は役に立たない」という社会的通念であることを明らかにしてきました。そして、そのように問題を掘り下げていくと、すでに一九世紀末から同様の問題がドイツを中心に盛んに論じられ、二〇世紀の欧米の人文社会知の根底を貫いてきたとすら言えることも、すでに第二章で示した通りです。ですから、本書の問題意識には、実に膨大な先行研究が存在するわけです。

そしてまさに、論文の出来の成否を決定するのは、この三番目の「先行研究の批判的検討」から四番目の「分析枠組み（仮説）の構築」をどうやって導き出すかという手腕にかかっています。オリジナルな結論を引き出すためには、そのための説得的な分析枠組みを構築する必要があり、これは先行研究の批判的検討が深みと広がりをもった仕方でなされていることで初めて可能になります。すでに紹介した「アタック・ミー！」の授業も、まさにこのプロセス、先行研究を批判し、そのことを通じて自分自身の分析枠組みを構築していくためのトレーニングでした。先行研究批判は、ただ単に自分の立場と違う、あるいは先行研究の成果を引き継ぐというのではダメで、先行する学問的言説について、具体的な記述を抽出し、「実証の妥当性」や「論理の整合性」、「結論の有用性」といった基準に従って検討し、最終的には「代替的理論の提示」まで至るものです。そしてこの「代替的理論」が、ここでいう「分析枠組み」ないし「仮説」となるのは言うまでもありません。

さて、最後の「結論」ですが、これが意外に落とし穴です。五番目に掲げたフィールドワークや調査、実験に努力した学生でも、しばしば結論を出すことの重要性がわかっておらず、「結論」の章はあっても、そこにはそれまでの章や本人がやった作業の要約しか書かれていないことがあります。そのような論文を書いた学生に、「あなたの結論は何ですか？」と尋ねると、「私はこれだけ調査して、こんなデータをみつけました」という答えが返ってくるのですが、この答えですと、「結論」とは何なのかが理解されていない気がします。「結論」は、問題意識や研究目的に対応するもので、最初に掲げた「問い」に対する、一連の研究を進めてきた結果の「答え」です。そして、そこでオリジナリティーと説得力のある結論を書くためには、最初の問題意識ないしは研究目的が十分に明確で、絞り込まれていることが不可欠です。つまり、「論文」というのは一種の織物のようなもので、最初から最後まで一貫した論理によって織り上げられていなくてはならないのです。

「ゼミナール」というメソッド

さて、文系の学びの根幹をなすのは、「論文を書く」ことと、もう一つは「ゼミ」で議論することです。いくつかの基礎的な知識や方法論を身につけながらも、それを学修の成果につなぐには、この二つの学びの実践を結びつけていくことが必要です。一例として、私が東京大学大学院で開いてきたゼミを紹介しましょう。このゼミでは、毎回、必ず三人の学生が最大二〇分の時間内で自分の研究について報告をします。二〇分の報告後、約四〇分の討論を行います。

どちらも日本語と英語のバイリンガルです。参加者は全員、英語ならば聞き取ることはできますが、日本人学生のなかには、英語で自分の議論を説明するのが得意ではない人もいます。他方、留学生全員が日本語を前提にしているわけではないので、日本語の発表には、なるべく英語でサマリーを加えることを推奨しています。

肝心なのは、発表時間を二〇分以内とすることです。なぜならば、若手研究者は、自分の研究の要点を二〇分以内で伝えられるように訓練されている必要があるからです。昨今では、国内外のどんな学会でも、個人発表に与えられる時間は一五分か二〇分です。これはある種のグローバル・スタンダードで、若い無名の研究者の卵たちは、こうしたグローバル・スタンダードの枠組みのなかで、自分の研究を効果的に相手に伝える力をつけていく必要があります。それに、私自身のこれまでの経験を振り返っても、プロジェクトの説明ならば約一〇分、研究の説明ならば約二〇分あれば、自分がどんな目的に向けて、いかなる方法で、何をやろうとしているのか、エッセンスは相手に伝えることができます。二〇分あれば、かなり深い議論でも、その研究は何が「問い」で、それにどのような「答え」を出そうとしているかの軸線の部分は説明できるのです。二〇分の発表のあと、参加者全員による討論が約四〇分、そんな発表と討論を三セッション、一回のゼミのなかでするわけです。

私は大学院重点化以降、それまでの大学院教育では学生の多様化に対応できないと考えて、こうしたゼミを一五年以上にわたって運営してきました。だいたいゼミ参加者の学生が二〇数人いるとすると、隔週でゼミを開いていくと三ヵ月半、つまり一学期の間に必ず一回は、ほぼすべての大学院生が自分の研究を発表することになります。夏秋の二学期と夏に行う合宿で、一人の学生が年間、少なくとも三回、このようにゼミ内部で発表し、仲間や教師からの質問や突っ込みを押し返していく訓練をするわけです。

これは、大学院での事例なので、そのまま学部教育に当てはめられるかどうかはわかりませんが、基本的な考え方は同じです。学部でも、文系の場合はゼミがとても重要です。一つのゼミが成立する最大人数は、だいたい二五人から三〇人でしょう。それ以下の比較的少人数の集団が、教員とTA、学生相互で徹底した議論をしていくのがゼミナールで、これは拙著『大学とは何か』でも述べたように、一度は廃れてしまった大学が、一九世紀初頭に「研究と教育の一致」を目指したフンボルト理念の下で復活してくる際の中核的な仕掛けでした。この仕掛けの中心にあったのが対話の創造力、つまり誰かが発表をし、それについて仲間のなかで議論することが内在させている知的創造性です。ここに大学の学びの核心的な可能性があり、大学教師とは、自分の専門知識を伝授できるというだけでなく、発表者や討論者の背中を押しながら、議論を適切にリードし、どうすれば学生たちから知的創造力を引き出せるかを見抜ける人でなければならないのです。

しかも、この対話を重視するゼミのモデルは万国共通です。学問的な立場や内容がどれほど異なっていても、発表と討論、対話のなかで新しい知を組み上げていくのは、全世界の大学が同じようにしてきたことです。それどころか、すでに私のゼミでの発表と討論が何に照準して組み立てられているかで示したように、こうしたゼミのモデルをそのままバージョンアップしたのが、国内外の学会そのものです。ですから、前述のようなゼミで訓練された若者たちは、英語さえ上達していれば、十分に国際学会でも通用します。実際、これまでも旅費が比較的安い海外都市で開催される国際学会に多くの博士課程の大学院生を連れていき、学生たちに個人発表をさせてきましたが、その一回一回が、単に海外経験という以上に、それぞれが自分の研究を深めていく重要な機会となってきました。国際学会も国際会議も、実は本質は大学内のゼミで日常的にしていることと同じなのです。

終章　普遍性・有用性・遊戯性

坂口安吾の宮本武蔵

戦後、『堕落論』で一世を風靡《ふうび》した作家の坂口安吾《さかぐちあんご》に、『青春論』という読み応えある作品があります（坂口安吾『堕落論・日本文化私観』岩波文庫、二〇〇八年）。一九四二年秋、つまりミッドウェー海戦の大敗北を経て、日本側の戦況がますます絶望的な状態になっていく時期に書かれた文章で、ところどころに唐突に登場する日本戦勝を祈願するかの一文は、世を欺く演技にすぎないと確信させるほどに、書かれていることには安吾らしい反権威主義が貫かれています。この青春論で、安吾は宮本武蔵を論じています。

詳細は省きますが、宮本武蔵の剣術は、武士道とはまったく異なる実戦的な性格のものであったというのが安吾の主張です。武士道は、主人に対する臣下の行動を律する規範として発達していったもので、実際に勝つことよりも秩序の範となることが重視されます。しかし、剣術にとっては戦いの現場で相手に勝つことがすべてであり、準備のできていない敵に切りかかっては卑怯《ひきょう》だとか、いちいち名乗りをあげてから戦い始めるとかの徳川の世に確立していく武士道的な規範意識は、剣術には無縁なのです。

安吾にとって宮本武蔵の価値は、徹底して剣術の人で、武士道の人ではなかった点にあります。武蔵は、彼よりも知識があり、技術的には勝っているかもしれぬ相手にどうしたら勝てるかを必死に考え続けました。だから彼は、たとえば松平出雲守《いずものかみ》の家中随一の達人と手合いをするに当たり、まだ挨拶も交わさず、用意もできていない相手に不意打ちをくらわして倒してしまいました。これはとても卑怯な方法ですが、武蔵の考えでは試合の場は戦場と同じで、そこにいて戦う用意ができていないのがいけないのです。「何でも構わぬ。敵の隙につけこむのが剣術」というわけで、「心理でも油断でも、又どんな弱点でも、利用し得るものをみんな利用して勝つというのが武蔵の編みだした剣術」だったのです。

ですから安吾は、武蔵が変化することの価値を強調していたと言います。「智慧《ちえ》のある者は一から二へ変化する。ところが智慧のないものは、一は常に一だと思い込んでいるから、智慧が一から二へ変化すると嘘《うそ》だと言い、約束が違ったと言って怒る。然《しか》しながら場に応じて身を変え心を変えることは兵法の大切な極意」と武蔵は書いていたそうです。安吾は、このような武蔵の考え方に共感していました。

そうした武蔵の本領が如何なく発揮されたのが、佐々木小次郎との決戦でした。小次郎は、速剣、つまり剣のスピードが凄《すさ》まじく速いことで知られていました。武蔵の剣のスピードは小次郎に劣っていましたが、そのような相手に勝つために、武蔵は相手の戦法を読み切り、その弱点を衝《つ》く特殊な木刀を即席で作り、わざと約束の時間に大幅に遅れます。待ちくたびれた小次郎の苛立《いらだ》ちを煽る発言をわざとして相手の冷静さを失わせ、生じた隙を逃さず衝いて勝利したのです。不意打ちといい、心理戦といい、武蔵の戦法は、決して正々堂々としたものではありません。むしろ、「溺れる時にも藁《わら》をつかんで生きようとする、トコトンまで足場足場にあるものを手当り次第利用して最後の活へこぎつけようとする」、そのような変幻自在のあきらめの悪さが武蔵の剣法の極意だったのだと、安吾は論じています。

したがって武蔵の剣法は、徳川将軍家の指南役となって権威の中心に登りつめていった柳生《やぎゅう》流の剣法とは対極的でした。柳生流には大小六二種の太刀パターンがあり、戦いのタイプに応じてあらかじめパターンを徹底的に学ばせておく方法論をとっていました。そうした柳生流を形式主義だと批判する武蔵は、戦いのバリエーションは無限なので、あらかじめ特定のパターンを学んでも、実戦がそのどれかにうまく当てはまるとは限らない。むしろ、固定したパターンにとらわれずに相手に応じて自分を変化させていく、柔軟な対応能力を身につけていかなければならないと考えていたようです。

現代の大学は、この柳生流の形式主義、あるいは専門主義に陥りすぎているというのが本書の大まかな見立てでした。柳生流が考えていた六二種の太刀のパターンは、ちょうど現代の細分化した専門分野に似ています。すでに論じてきたように、現代では、知も社会も複雑に流動化しています。そのような時代を生き抜くには、柳生流ではなく武蔵の方法のほうが有効です。小次郎は、他に並ぶ者なき圧倒的な太刀を持っていましたが、それはたった一つの太刀でした。その太刀が有効である限り、武蔵は小次郎に決して勝利することはできなかったのですが、まさにそれが一つであるということの限界を武蔵は衝いたのです。小次郎の専門的な卓越性に対し、武蔵はフレクシブルな越境性をもって戦ったわけです。

もちろん、「二刀流」は唯一の解ではないかもしれませんが、それでも武蔵の二刀流は、彼の変幻自在で状況主義的な剣術が必死にもがくなかで編み出していった方法の一つでした。後世の私たちからみるならば、変化に対して常に開かれていようとする武蔵の考え方は、「二刀流」の戦法に最も明快に要約されていて、だからこそ武蔵の武勇伝と二刀流のイメージが大衆的に結びついて受け入れられたのだと思います。

宮本武蔵からコペルニクスへ

宮本武蔵は一六世紀から一七世紀への変化を生きた人ですが、彼よりもおよそ一世紀前、一五世紀から一六世紀にかけての変化をヨーロッパで生きていたのはコペルニクスです。コペルニクスが歴史に名を残したのは、もちろん地動説ゆえですが、彼は最初から天文学者だったのではありません。それどころか、そもそもコペルニクスを「天文学者」というカテゴリーで括ってしまうことには無理があるのです。

もともと若きコペルニクスがポーランドの名門クラクフ大学に入学したのは、伯父を継いでカソリック教会の神父になるためでした。ですから神学が、彼の主専攻分野だったわけです。しかし、すでにこの時代から大学にはリベラルアーツ科目があり、そのなかで数学や天文学も学んでいました。やがて、彼は当時の学問の中心地であった北イタリアに「留学」することになり、世界最古の大学であるボローニャ大学に入って主に法学を学びます。一旦、ポーランドに帰国後、再び北イタリアに戻ってパドヴァ大学で医学を学び、博士学位も得ていますし、フェラーラ大学で神学の学位も得ています。つまり彼は、クラクフ大学、ボローニャ大学、パドヴァ大学、フェラーラ大学と、当時の名門大学に次々に入学ないし留学し、リベラルアーツ科目はもちろん、法学、医学、神学のすべてを学び、複数の博士学位も得た知識人だったのです。

その後、彼は大学教授となるのではなく、故郷のポーランドに戻って聖職者となる道を選びます。そしてその故郷では、彼の名は優れた医師として有名でした。天文学は、コペルニクス自身の「リベラル（自由）」な精神にとって重要でしたが、同時に彼の社会的地位は「天文学者」ではなく「神父」であることによって保障され、彼の社会的名声は「医師」であることによって広まっていたわけです。

しかも、コペルニクスが地動説を確信するに至った最大の理由も、同時代の天文学上の何らかの発見ではありませんでした。メディア史の古典『印刷革命』の著者エリザベス・L・アイゼンステインは、コペルニクスの地動説が、グーテンベルクによる活版印刷の発明で、ヨーロッパに大量の印刷本が出回るようになっていったことを背景にしていたと指摘します。コペルニクスの時代がそれ以前と決定的に違ったのは、天文学そのものというよりも、天文学を取り巻くメディア環境です。先行者たちとは異なり、コペルニクスは印刷された多様な天文学上のデータを広く買い集め、手元で比較参照しながら仮説を検証することができた最初の世代の人でした。つまり一六世紀にも情報爆発が存在したわけで、この情報へのアクセシビリティの劇的な変化によって、「近代」と私たちが呼ぶ新しい時代が始まります。

つまりコペルニクスは、「中世」から「近代」への、この二つの時代が重なるまさに転換点に立っていた人でした。彼の学問的基礎は、中世の大学システムのなかで培われました。神学、法学、医学、それにリベラルアーツは、中世の大学の根幹で、彼のようにこれらを複数学ぶことは、まったく例外的というわけではありませんでした。むしろそれは一般的で、たとえば彼とほぼ同時代のイタリアの人文主義者たちの多くも複数の大学、都市を転々としていたのです。

たとえば、早世した天才肌のジョヴァンニ・ピーコ・デッラ・ミランドラはボローニャ大学で法学、パドヴァ大学で神学を学んだあと、各地を遍歴していましたし、かのエラスムスはパリ大学、オックスフォード大学、トリノ大学、ケンブリッジ大学、ルーヴァン大学など実に多数の大学をめぐっていますが、一つの大学の教授職に定着することはありませんでした。

他方、コペルニクスの後半生は、活版印刷が近代知の地平を招き寄せていた時代です。この印刷メディアによる新しい情報の流れのなかで、大学は、知の継承システムとしては過去の形態として時代から取り残されようとしていました。それでも宮本武蔵とほとんど同時代をヨーロッパで生きていたガリレオ・ガリレイは、医学を学ぶためにピサ大学に入学し、やがて同大学の任期付きの数学教授となり、その任期が切れるとパドヴァ大学で教授の職を見つけて数学と天文学を教えていたのです。

いずれにせよ、私たちは、この転換点が人類史上、特異なほど知的に創造的な時代であったことを知っています。「ルネッサンス」というのがこの時代の名で、北イタリアを中心に、多数の天才たちが輩出されました。しかも、ラテン語の普遍性といい、汎ヨーロッパ的な大学システムといい、活版印刷に結実する情報の流れといい、二一世紀のグローバル社会にも通じる多くの時代的傾向が、これらの天才たちの想像力を生んでいました。彼らにとって、二刀流、三刀流、四刀流は当然のことでしたが、そのような多刀流は、彼らの天才以上にヨーロッパ全域に広がる大学ネットワークに支えられていたのです。

一六世紀に近づいていく二一世紀

たしかに、宮本武蔵とコペルニクスを並べることに、彼らが世界史的に通底する大きな変化の時代を生きたという以上の深い理由があるわけではありません。宮本武蔵は戦国的な意味で剣術の人で、コペルニクスは中世的な意味で学問の人です。この二人が生きたのは、近世なり近代なりといった巨大な発展の時代に世界が向かっていく直前でした。ヨーロッパは一六世紀以降、大航海時代と印刷革命によって新しい帝国主義と近代科学、国民国家の形成へと向かっていくことになりますが、コペルニクスはこの変化を生んでいった主役の一人でありながら、彼自身の人生はその手前にありました。日本では、徳川幕藩体制が確立していくのに従い、武蔵のような生き方は許されなくなっていきます。安吾が擁護する武蔵は、冬夏の大坂の陣あたりまでの武蔵であり、それ以降の武蔵は精彩を欠いた存在となっていくのです。

今日、歴史はしかし再び一六世紀に近づきつつあります。一九九〇年代に冷戦が終わり、世界は再び巨大なうねりのような資本主義の波にのみ込まれていきました。この現代のグローバリゼーションは、一六世紀の大航海時代の延長線上に位置します。過去数百年、グローバルな市場システムが優勢になった時期と国民国家体制が優勢になる時期はだいたい交代して生じてきました。一九三〇年代から七〇年代までの世界は福祉国家体制、つまりは国民国家優勢の時代で、これを支えていたのが東西の冷戦体制でした。ところが冷戦崩壊前後から、新自由主義の潮流のなかで、一九二〇年代までの世界と同様、グローバルな市場の力が再び前面に出てきます。そして、このような「グローバル／ナショナル」の交代史を遡っていくなら、その出発点は一六世紀、銀の価値によって世界市場が結びついていった大航海時代になるのです。

他方、今日のデジタル技術に基づく情報爆発という意味でも、一六世紀と二一世紀は似ています。コペルニクスの地動説にとって、活版印刷技術による情報爆発がどれほど重要であったかは説明しました。今日、二一世紀の世界は、グローバルな金融市場という意味でも、情報へのボーダーレスな接近可能性という意味でも、一七、一八世紀以降の他のどの時代よりもむしろ一六世紀に似てきています。

この五世紀を隔てた近似が示すのは、要するにボーダーレス化、つまり様々な領域を隔てていた壁が崩れ落ち、閾値《いきち》を超えて世界が結びついて流動化していく傾向です。社会的な壁が低くなり、人々が比較的自由に移動しながら知識や技術を身につけていく状況が、一六世紀と二一世紀で似ているのです。実際、若き宮本武蔵と若きコペルニクスは、それ以外のあらゆる面での違いにもかかわらず、二人とも「遍歴」の人であったという点で似ています。武蔵が遍歴しながら獲得したのは剣術で、コペルニクスは学問でした。しかしこの「遍歴」を促していたのは、社会全体の流動化、ボーダーレス化だったのです。

今、グローバルな歴史を考えるなら、少なくとも一六世紀から二一世紀まで続いてきた近代という巨大なうねりがあります。もちろん、このうねりにはいくつもの断層があり、日本でいえば一九世紀半ばの幕末維新期や二〇世紀半ばの敗戦後は、そうした断層でした。そして今、二一世紀初頭も、この大きなうねりの綻びが見え始めている断層なのだと言えます。

そうした危機の時代において価値を生むのは、既存の固定観念や秩序、領域、分野を創造的に越境していく力です。もしも宮本武蔵が、遍歴することなく一人の主人に仕え続けていたら、多少は剣の腕が立つかもしれないが無名の男で終わったでしょう。コペルニクスが北イタリアに留学せず、ずっとポーランドに留《とど》まっていたら、最初の地動説の提唱者は、コペルニクスではない別の人物になっていたでしょう。そしてコペルニクスの時代、彼の遍歴を可能にしていたのは、紛れもなく北イタリアから東欧や北欧、イングランドにまで広がっていた大学のネットワークだったのです。

大学は、戦乱と政変を越える

日本の戦国時代以上に、ヨーロッパでは一二、一三世紀以来、多くの戦乱の時代がありました。数知れない戦闘があり、都市が破壊され、いくつもの国が亡びました。そうした戦乱の時代が終わったかに見えた啓蒙期以降ですら、フランスとドイツは戦いを続け、両世界大戦を考えれば二〇世紀になっても血みどろの戦争を続けたのです。そうしたなかで、人々の価値観がすっかり変わってしまうような変動が何度もありました。ペストの流行や宗教戦争、やがてフランス革命、産業革命、全体主義と、どれほどヨーロッパの人々の価値観は根底から変化させられてきたことでしょう。ところが、それにもかかわらず、およそ過去八〇〇年以上、大学は続いてきたのです。もちろん、中世の大学と近代の大学では、その内実は大きく異なります。しかしそれでも、大学は、国民国家よりも、資本主義よりも長く続いてきた制度なのです。

それだけではありません。近代的な大学の誕生——一九世紀ドイツにおける大学の奇跡的再生——は、まさにその戦乱のただなか、つまりフランスに対するドイツの決定的敗北という屈辱的経験のなかで起きた出来事でした。軍事的敗北が、学術・文化面での復興と卓越への欲望を喚起したのです。

同様の力学は、明治以降、日本での大学勃興を担った人々に、戊辰《ぼしん》戦争の敗者が数多く含まれていたことにも見て取れます。同志社大学の総長をした山本覚馬《やまもとかくま》と東京帝国大学の総長をした山川健次郎は、この二つの大学にとってきわめて重要な人物ですが、いずれも会津藩士でした。大隈重信は佐賀藩士でしたが、彼が早稲田大学を創立するきっかけは、一八八一年（明治一四年）の政変で敗れ、下野したことにありました。佐幕派ではありませんが、大分の小藩・中津藩士の福沢諭吉が明治日本を代表する知識人となるきっかけは、大坂へ遊学して適塾で学んだことでした。遍歴と越境の経験は、間違いなく日本近代の原動力だったのです。

その福沢は『学問のすゝめ』で、昨今は西洋の知識の翻訳が盛んだが、学者たちはその西洋の知識を輸入しているだけで、その知識に込められた精神を理解せず、またその精神を日本の現実にどう適用していくかも考えないと批判しました。続けて彼は、「学者士君子、皆官あるを知って私あるを知らず、政府の上に立つの術を知って、政府の下に居るの道を知らざる」と、官学系学者が政府に奉仕することに熱心なのを痛烈に批判していきました（福沢諭吉『学問のすゝめ』四編「学者の職分を論ず」、岩波文庫、一九四二年）。

福沢に自分が批判されたと感じた明六社《めいろくしゃ》の同僚は、こぞって福沢に反論します。なかでも東京大学の初代「総理」となる加藤弘之は、福沢に対して「先生の論はリベラールなり。……リベラールの論甚だしきに過《す》ぐるときは、国権はついに衰弱せざるを得ざるに至る」と反論していきますが、この論争は内容も覚悟も明らかに福沢の勝ちです（加藤弘之「福沢先生の論に答う」『明六雑誌』上、岩波文庫、一九九九年）。福沢は、「百回の説諭を費やすは一回の実例を示すに若《し》かず。今我より私立の実例を示し、人間の事業は独り政府の任にあらず、学者は学者にて私に事を行うべし」と言い放ち、慶應義塾大学の経営を本格化させるのです。

以上のエピソードは、大学がそもそも何に奉仕する機関であるのかを象徴しています。ヨーロッパではナポレオンの軍に敗れた人々が近代の新しい大学の骨格を作り、日本では薩長軍や藩閥政府に敗れた人々がこの国の大学の歴史に多大の貢献をしたのは偶然ではありません。彼らが大学に賭けたのは、大学が時の政府や国家をはるかに超える価値に奉仕する機関であることを看破したからです。実際、一二世紀にヨーロッパで誕生して以来、大学は一貫して何かに奉仕してきました。より正確には、そのような存在として自己を正統化し、権威づけることによって、その卓越した地位を権力者たちに認めさせてきたのです。第二章ですでに触れたように、その「何か」とは、一言でいうなら「人類普遍の価値」でした。

「人類普遍の価値」が何であるかは、キリスト教世界のなかにあった中世の大学では比較的わかりやすい話でした。その場合、普遍性とはまずはキリスト教的普遍性であり、ただそこにイスラム経由で再導入されたアリストテレス哲学が結びついていったので、スコラ哲学の複雑な体系が出来上がったことはすでに拙著『大学とは何か』で論じた通りです。一九世紀以降の大学は、そうした宗教的価値観から離れ、啓蒙的価値の普遍性と結びついていきます。そしてこの啓蒙的価値のなかに孕《はら》まれていた西洋中心主義や自民族中心主義が二〇世紀、様々な人文社会科学において批判されていくことになったわけです。

しかしこれは、大学が何らかの普遍性の追究をすっかり断念したことを意味しません。それでは大学の自己否定になります。むしろ大学は、共同体や国家、企業や宗教といった個別的な価値の限界を超えて、脱領域的、越境的に普遍的な価値を追究・創造していく力を保持し続けています。現代でいえば、それは地球社会における未来的価値ということにもなるでしょうし、グローバルな知的エクセレンスということにもなるでしょうが、いずれにせよ大学は国という単位を超えた普遍的価値に奉仕する存在なのです。

この普遍的な価値への距離が、大学という組織の射程も条件づけています。この普遍性は、概して業界団体や国家などの利害や価値よりもずっと遠くにありますから、その実現に至る時間は長くなり、射程に入ってくるべき範囲も広くなります。大学の外にある業界団体や政府からすれば、大学が目指している価値が自分たちの日常的に接している価値よりも遠くにあるので、「大学は分かりにくい」という印象を持ちます。彼らからすれば、自分たちが信奉しているのと同じ価値に向けて大学がその才能を発揮してくれれば、とても「役に立つ」はずなのだが、大学はどうも「高尚すぎる」価値を目指していると受け止めがちです。

しかし、この価値の遠さ、普遍性こそ大学の生命線なのです。大学が目指している、また目指さなくてはいけない価値は、三年、五年、一〇年で成果が出るようなものではあり得ません。たしかに、理系の場合には比較的短期で一定の成果が見えやすく、それが外から見たときの「分かりやすさ」「投資しやすさ」につながっています。これに対して文系の知は、法学や経営学の一部を除くならば、大概は三〇年、五〇年、一〇〇年を視野に入れながら己の価値を考えています。

今日の大学は、永遠の価値の実現を目指すキリスト教的普遍性が支配しているわけではありませんし、近代的啓蒙を一九世紀と同じように信奉し続けている大学は少数派です。それでも、大学と専門学校を隔てる最大のポイントは、大学は社会的需要に応じて「人材」を供給する訓練所ではないこと、そのような人材需要の短期的変動を超える時間的な長さや空間的な広がりをもった価値と結びついていることにあります。今日なお、大学は人類的普遍性、とりわけ地球社会の未来に向けた価値に奉仕する組織であると標榜《ひょうぼう》する点において、大学であり続けているのです。

有用性の基底にある遊戯性

さて、本書もいよいよエンディングです。これまで四つの章にわたって進めてきた議論を閉じる前に、一つだけ補足したい点があります。私は本書で、文系の知は「長く役に立つ」ことを強調しました。つまり、文系は「役に立たないけれども価値がある」という議論に反対し、文系の知は、理系とは異なる仕方で「役に立つ」と主張してきました。そのような主張をしていかない限り、自明性のなかで蔓延《はびこ》る理系的有用主義の限界を示すことはできないからです。

しかし、誤解しないでいただきたいのですが、私は文系の知に「役に立たない」部分がないとか、それは要らないとは言っていません。文系の知は、長い時間的射程を持つことにより、既存の価値の転換に対応し、新しい価値を創造していくことができます。これは価値創造的な有用性で、私たちの社会の未来に絶対に必要なものです。とりわけ本書で述べた「宮本武蔵の二刀流」や、「人生の転轍機としての大学」からすれば、手段的有用性の外に出ることができない理系以上に、そうした目的や価値を相対化できる文系の知は、これからの大学が強化すべきもう一つの有用性の基盤です。

しかしながら、そうした価値創造的な有用性の基底に、本当は決して役に立つことなどない遊戯性としての学びという地平があります。すなわち、私がここで最後に触れたいのは、オランダの歴史家でライデン大学総長の地位にあったヨハン・ホイジンガの「ホモ・ルーデンス（遊ぶ人）」についての著名な洞察です。ホイジンガはこの著作で、あらゆる文化の根底には「遊び」があること、文化はそもそも遊ばれるものであったことを、豊富な例を引き合いに力強く示しました。彼は、「遊び」が何か別の目的や原因、つまり有用性や必然性によって説明されるものではなく、そこから人間文化のすべてを照射できるような「根源的な生の範疇《はんちゅう》」であると考えました（ホイジンガ『ホモ・ルーデンス』中公文庫、一九七三年）。

ですから彼は、すべての文化を「遊びの相の下に」見直していったのです。たとえば、言語、神話、祭りといった文化の根源的な形態は、すべて遊びを基盤にしています。言語の場合、どんな抽象的表現でも、それを支えているのは比喩の働きですが、いかなる比喩のなかにも言語の遊びが隠れています。また、神話や祭りが創造する世界にも、絶えず遊びの精神が息づいています。つまり、人間が共同生活を始め、文化を形成するようになったときから、その文化にはすべて遊びが織り交ぜられていたのです。

このホイジンガの議論が重要なのは、それまで暗黙の前提とされていた遊びの従属的な位置を、まったく逆転させてしまった点にあります。ホイジンガは、「遊び」と「まじめ」を対立させる考えに反対しました。遊びは実際、いかなる活動よりも本気で追求されもします。ホイジンガによれば、遊びは文化の周縁にあるのではなく、文化は遊びを通してこそ生成するのです。遊びのないところに真に充実した意味を見出すことはできません。遊びこそすべての意味ある世界の母胎です。ホイジンガの「遊ぶ人」は、「遊び人」という蔑称とは正反対に、価値が社会的に創造されていくときの根底を見据えているのです。

このホイジンガの卓見からするならば、大学の知、とりわけ文系の知の根底には「遊び」がなくてはなりません。まったく有用性や「役に立つ」ことなどと関係なく、「遊ぶ」ことは大学の学びと知の根底にある活動です。優れた学生は、「よく遊ぶ」学生でなくてはならないし、優れた教師は、「よく遊ぶ」教師でなくてはならないのです。逆にいえば、大学がその知的営みから「遊び」を失うことは、大学知の創造性そのものを喪失することです。ちなみに昨今の中期計画・中期目標に縛られている国立大学は、まさしくそうした喪失状態にあるように感じられます。今日の大学、とりわけ国立大学は、外側から圧力をかけられたからという以上に、目標設定や自己管理、ハラスメント予防やコンプライアンス、数々の注意義務によって自らがんじがらめになって窒息寸前です。これは、遊びを失った人の典型的な状態といえます。

本書が主張してきたのは、そのような知の根底にある遊戯性を否定することでは決してありません。明らかに、大学の知を成り立たせていく基盤にも「遊び」が存在しますし、存在しなければなりません。しかしそうした遊戯性は、大学ならずとも小中学校も含めた学校現場全体で同じように学びの根底をなしてきたことなのです。それらの学びや文化一般と共通の基底を持ちながらも、大学はこの「遊び」を価値の多元的な普遍性に昇華させていくべき場所です。そのようなある種の「昇華」、垂直的で遠くまで達する価値生成の軸を含んでいることが、大学の知の卓越性、人類史的なエクセレンスの由来なのです。

さて、ホイジンガが、『ホモ・ルーデンス』を出版したのは一九三八年ですが、その二年後、一九四〇年にナチス・ドイツはオランダに侵攻します。ホイジンガの著作のなかにナチズム批判を嗅ぎ取ったナチスは、ライデン大学を閉鎖し、総長のホイジンガを強制収容所に収監します。彼は間もなく釈放はされますが、ナチス崩壊の直前、一九四五年二月に死去するまで、ナチスによって軟禁され続けるのです。そうした時代状況において彼の「遊ぶ人」についての洞察を読み返すならば、それが現代の全体主義や管理主義に対する透徹した批判であったことが理解できます。一九三〇年代、ナチズムにおいても、スターリニズムにおいても自由が圧殺されていく時代を前に、自由の根底にあるものは「遊び」であると看破し、ホイジンガは「遊び」の創造性、根源性を彼の人生の最期の力をふり絞って擁護したのです。

それから八〇年近くを経た二〇一五年夏、日本で巻き起こった文科省「通知」に対する批判騒ぎは、第一章で確認したように、実はあまりにも浅薄なマスコミ記者たちの報道に社会全体が踊らされたものだったのですが、それでもこの批判に多くの大学人が参加したのは、一九三〇年代末のホイジンガにも通じる危機感を彼らが抱いていたからでもあったように思います。二〇〇〇年代以降の大学の変化が、「自由」ではなく「不自由」への「改革」でしかないと多くの大学関係者は感じてきました。その息苦しさのなかで、「通知」報道に思わず反応してしまったというのが、昨夏の出来事だったのではないでしょうか。

だからこそ、ここで問題化した状況に対すべき方向は、現状の大学やそこでの文系の窮状を、ただ防衛し続け、文系は「役に立たなくても価値がある」と主張していればいいというものではないはずです。「遊ぶこと」と「役に立つこと」、遊戯性と有用性の関係は、決して排他的なものではありません。むしろ、遊ぶからこそ役に立つ、つまり遊戯性から新しい価値や目的が生まれ、有用性も成り立ってくる回路が確実にあります。実際、日本の産業界のなかにも、こ路を知悉《ちしつ》している何人もの優れた経営者がいることを、私は具体的に知っています。そして、このような回路は三年、五年ではなく、三〇年、五〇年、一〇〇年という射程で価値の生成や変化を見通すことのなかにこそ見出されてくるものです。それならば私たちは、過去の抑圧の亡霊が再び息を吹き返して襲ってくることを怖れるよりも、五〇年、一〇〇年後の未来に向けて、そこに役立つ大学の知とは何かを考え、どのようなビジョンで人文社会系の学問を再編し、組み立て直すのかを考えるべきです。今のままでよいとは私には思えません。大学を自己否定しないためにも、守ってきた伝統を大切にすればよいという人文社会科学の考え方は、根底から変わらなければならないはずです。

あとがき

本書は、拙著『大学とは何か』（岩波新書、二〇一一年）で始めた大学をメディアとして捉え返す作業の続編で、いわばその応用編に当たる。『大学とは何か』は、過去数百年の歴史を視野に入れた大学＝メディア論の原理編であったが、本書はむしろ二〇一五年夏、瞬間的ともいえる時間に生じた「騒ぎ」から、その背後にある大学の知をめぐるここ数十年の変化、さらにその背後にある社会通念、これらの様々な困難を乗り越えていく大学像について論じた。

この「騒ぎ」に私が興味を持ったのは、単に問題となった「通知」の文脈的な理解ができずに文章の字面だけで記事を書いて平気なマスコミ記者たち、あるいは関連資料に当たることも記事を系統的に検証することもなく、マスコミ情報を前提に議論を始める一部の大学人やメディア言論人たちの無自覚な劣化に苛立ったからだけではない。むしろ、多少の資料を調べるうちに、この「騒ぎ」の底に、新自由主義の席巻のなかで一九九〇年代から日本の大学教育の根底を掘り崩してきた大きな問題につながる裂け目があると考えるに至ったからである。

「文系学部廃止」を「文科省」が通知したらしいという言説に、日本のマスコミと言論人と大学人、さらに産業界から国民一般までが、なぜこれほどまでに大騒ぎとも言える反応をしたのか——。そうした反応は、この社会に広がるいかなる無意識を基盤にしており、そのような仕方で騒ぐことによって免罪され、忘却されるのはいったいどのような危機なのか——。

私は本書を通じ、「文系は役に立たないから要らない」という議論ばかりでなく、「文系は役に立たないけれども価値がある」という議論を批判してきた。これらに対し、「文系は必ず役に立つ」というのが本書の主張であったのだが、そのような主張をするには、「役に立つ」とはいかなることかを問い直す必要があった。「役に立つ」とは、今後五年の経済成長に貢献するといった手段的な有用性に限定されない。そうした「効用」の論理は、特定の価値世界のなかの出来事にすぎないのだが、歴史のなかでは価値の軸は必ず変化する。高度成長期と現在を比較してもらえば明らかなように、これまでも数十年単位で価値の軸は変化してきた。そしてこの価値の軸が大きく変化するとき、過去の手段的な有用性は、一挙に「役に立たなくなる」。

だから、本当に大切なのはそうした価値の軸を創造する力であり、それには既存の価値を批判する、つまり私たちが自明と思っている価値を相対化できる力が必要になる。文系の知は本来、第一にその扱う時間の長さにおいて、第二に扱っているのが自分たち自身であるという特性において、第三にこの知の根底に無目的の遊戯性が伏在することによって、より普遍的な視野から、その時々の価値の相対化と新たな価値の創造を可能にする有力な基盤である。

もちろん現状は、ここ数十年間の大学政策も、各大学の学部・大学院教育の現実も、さらにはそのなかで悲鳴をあげている大学教員の認識や視野も、ここで述べた理想からすれば絶望したくなるほど隔たっている。たしかに今日の大学は、一般に思われている以上に劣化しているのだ。この劣化は、少なくとも国立大学法人化の前後から、もっと長くとれば設置基準の大綱化や大学院重点化のころから、もう十数年以上にわたって続いてきた劣化である。そしてこの劣化は、単に大学の予算上のことではなく、大学教職員の意識や大学生、大学院生の学び、それどころか「大学」という存在を位置づける日本社会全体の劣化と深く結びついている。

他方、今日の大学の深刻な劣化と危機のなかで、必死に格闘し続けている何人もの教員、職員、それに行政官がいることを私は知っている。また、このような困難な時代に大学生となってしまった若者たちのなかに、驚嘆するほど優れた才能と未来への確信を持つ者が少なからずいることを、私は現場の人間の一人として知っている。だから本書は、誰よりもまず、私自身が具体的に頭に浮かべることのできるそのような人々に心を込めて捧げたいと思う。

本書を閉じる前に、いくつか注記しておくべきことがある。本書では相当数の新聞記事を参照したが、それらは基本的にデジタル版の内容に基づいている。今日のデジタル・アーカイブの発展は、長い時間と広い領野を射程に入れなければならない学問的営みには大きな朗報である。本書もまた、そうした技術的発展の恩恵に与っていることを書き添えておきたい。

本書の中核となった議論は、すでに『週刊金曜日』（二〇一五年年八月二一日号）に「大学は国に奉仕しているわけではない。『人類的な価値』に奉仕しているんです」で示したものである。また、同年一一月号の『現代思想』の特集「大学の終焉　人文学の消滅」に、「『人文社会系は役に立たない』は本当か？」という論考もまとめている。本書はこれらの議論を発展させたものだが、一本の論考が一冊の本になるのは簡単な話ではなく、（編集者泣かせの私が）数ヵ月でそれを実現するという離れ業は、集英社新書編集長の落合勝人さんをはじめ新書編集部の抜群のサポートがなければ絶対に不可能だった。心からお礼申し上げたい。

私はといえば、『大学とは何か』を書いたときから、日本の大学については「戦後」編を、グローバルには「未来」編をまとめる必要があると感じてきた。それらのさらなる続編のための中間点たるべき本書が、現在の混迷する大学論議に一石を投ぜられれば幸いである。

二〇一六年一月一日

参考文献

エリザベス・L・アイゼンステイン『印刷革命』別宮貞徳監訳、みすず書房、一九八七年
天野郁夫『国立大学・法人化の行方』東信堂、二〇〇八年
アレゼール日本編『大学界改造要綱』藤原書店、二〇〇三年
石田英敬「瀕死の『人文知』の再生のために—教養崩壊と情報革命の現場から」『中央公論』二〇〇九年二月号
石弘光『大学はどこへ行く』講談社現代新書、二〇〇二年
猪木武徳『大学の反省』NTT出版、二〇〇九年
岩崎稔・小沢弘明編『激震！国立大学』未來社、一九九九年
マックス・ウェーバー『職業としての学問』尾高邦雄訳、岩波文庫、一九八〇年
マックス・ウェーバー『プロテスタンティズムの倫理と資本主義の精神』岩波文庫、一九八九年
ウォーラーステイン『脱＝社会科学』本多健吉・高橋章監訳、藤原書店、一九九三年
潮木守一『世界の大学危機』中公新書、二〇〇四年
葛西康徳「Mixed Academic Jurisdiction—グローバル時代の学士課程」『創文』二〇一一年秋№3
オルテガ・イ・ガセット『大学の使命』井上正訳、玉川大学出版部、一九九六年
金子元久『大学の教育力』ちくま新書、二〇〇七年
苅谷剛彦『イギリスの大学・ニッポンの大学』中公新書ラクレ、二〇一二年
苅部直『移りゆく「教養」』NTT出版、二〇〇七年
イマニュエル・カント「諸学部の争い」角忍・竹山重光訳、『カント全集』第一八巻、岩波書店、二〇〇二年
エドワード・W・サイード『知識人とは何か』大橋洋一訳、平凡社、一九九五年
坂口安吾『堕落論・日本文化私観』岩波文庫、二〇〇八年
清水真木『これが「教養」だ』新潮新書、二〇一〇年
清水真木『忘れられた哲学者—土田杏村と文化への問い』中公新書、二〇一三年
曽田長人『人文主義と国民形成』知泉書館、二〇〇五年
竹内洋『教養主義の没落』中公新書、二〇〇三年
竹内洋『学問の下流化』中央公論新社、二〇〇八年
橘木俊詔『東京大学　エリート教育機関の盛衰』岩波書店、二〇〇九年
立花隆『東大生はバカになったか』文春文庫、二〇〇四年
土持ゲーリー法一『戦後日本の高等教育改革政策』玉川大学出版部、二〇〇六年
筒井清忠『日本型「教養」の運命』岩波現代文庫、二〇〇九年
寺脇研・広田照幸対談「大学はカネ儲けのためにあるのではない！」『週刊金曜日』二〇一五年八月二一日号
ジャック・デリダ『条件なき大学』西山雄二訳、月曜社、二〇〇八年
中井浩一『徹底検証 大学法人化』中公新書ラクレ、二〇〇四年
中井浩一『大学「法人化」以後』中公新書ラクレ、二〇〇八年
永井道雄『未完の大学改革』中公叢書、二〇〇二年

中山茂『帝国大学の誕生』中公新書、一九七八年
南原繁『新装版 文化と国家』東京大学出版会、二〇〇七年
西山雄二編『哲学と大学』未來社、二〇〇九年
西山雄二編『人文学と制度』未來社、二〇一三年
ピーター・バーク『知識の社会史』井山弘幸・城戸淳訳、新曜社、二〇〇四年
アンドリュー・E・バーシェイ『南原繁と長谷川如是閑』宮本盛太郎監訳、ミネルヴァ書房、一九九五年
蓮實重彥『私が大学について知っている二、三の事柄』東京大学出版会、二〇〇一年
広田照幸他編『大衆化する大学』(シリーズ大学　2)岩波書店、二〇一三年
広田照幸他編『教育する大学』(シリーズ大学　5)岩波書店、二〇一三年
福沢諭吉『学問のすゝめ』岩波文庫、一九四二年
藤本夕衣『古典を失った大学』NTT出版、二〇一二年
ピエール・ブルデュー『ホモ・アカデミクス』石崎晴己・東松秀雄訳、藤原書店、一九九七年
パウロ・フレイレ『被抑圧者の教育学』三砂ちづる訳、亜紀書房、二〇一一年
ホイジンガ『ホモ・ルーデンス』高橋英夫訳、中公文庫、一九七三年
『明六雑誌』上、山室信一・中野目徹校注、岩波文庫、一九九九年
吉田文『大学と教養教育』岩波書店、二〇一三年
吉見俊哉『カルチュラル・スタディーズ』岩波書店、二〇〇〇年
吉見俊哉『ポスト戦後社会』岩波新書、二〇〇九年
吉見俊哉「爆発の時代に大学の再定義は可能か」『中央公論』二〇一〇年二月号
吉見俊哉『大学とは何か』岩波新書、二〇一一年
青木保+吉見俊哉「対談 日本の大学の何が問題か」『中央公論』二〇一二年二月号
ジャック・ランシエール『無知な教師』梶田裕・堀容子訳、法政大学出版局、二〇一一年
ジャン＝フランソワ・リオタール『ポスト・モダンの条件』小林康夫訳、書肆風の薔薇、一九八六年
デイヴィッド・リースマン『大学教育論』新堀通也他訳、みすず書房、一九六一年
ビル・レディングス『廃墟のなかの大学』青木健・斎藤信平訳、法政大学出版局、二〇〇〇年
シェルダン・ロスブラット『教養教育の系譜』吉田文・杉谷祐美子訳、玉川大学出版部、一九九九年
鷲田清一『パラレルな知性』晶文社、二〇一三年
特集「大学の未来」『現代思想』二〇〇九年一一月号、青土社
「最強の大学ランキング」『週刊ダイヤモンド』二〇一五年一一月七日号

吉見俊哉（よしみ しゅんや）

一九五七年、東京都生まれ。東京大学大学院情報学環教授。同大学副学長、大学総合教育研究センター長などを歴任。社会学、都市論、メディア論、文化研究を主な専攻としつつ、日本におけるカルチュラル・スタディーズの中心的な役割を果たす。主な著書に『都市のドラマトゥルギー――東京・盛り場の社会史』『「声」の資本主義――電話・ラジオ・蓄音機の社会史』『大学とは何か』『夢の原子力』ほか多数。

「文《ぶん》系《けい》学《がく》部《ぶ》廃《はい》止《し》」の衝《しょう》撃《げき》

集英社新書〇八二三E

二〇一六年二月二二日 第一刷発行

著者……吉見俊哉《よしみしゅんや》

発行者……加藤 潤

発行所……株式会社集英社

東京都千代田区一ツ橋二－五－一〇 郵便番号一〇一－八〇五〇

電話 〇三－三二三〇－六三九一（編集部）
〇三－三二三〇－六〇八〇（読者係）
〇三－三二三〇－六三九三（販売部）書店専用

装幀……原 研哉

印刷所……大日本印刷株式会社 凸版印刷株式会社

製本所……加藤製本株式会社

定価はカバーに表示してあります。

ISBN 978-4-08-720823-8 C0237

Printed in Japan

a pilot of wisdom

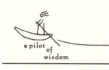